Stefan Verra
Leithammel sind auch nur Menschen

STEFAN VERRA

LEITHAMMEL
SIND AUCH
NUR MENSCHEN

DIE KÖRPERSPRACHE
DER MÄCHTIGEN

Bibliografische Information der Deutschen Bibliothek

Die Deutsche Bibliothek verzeichnet diese Publikation
in der Deutschen Nationalbibliografie; detaillierte bibliografische Daten
sind im Internet unter http://dnb.de abrufbar.

Verlagsgruppe Random House FSC® N001967

© 2019 Ariston Verlag in der Verlagsgruppe Random House GmbH,
Neumarkter Straße 28, 81673 München
Alle Rechte vorbehalten

Umschlaggestaltung: Hauptmann und Kompanie, Zürich
unter Verwendung eines Fotos von Severin Schweiger
Bildredaktion: Bele Engels
Satz: Satzwerk Huber, Germering
Druck und Bindung: Print Consult GmbH, München
Printed in Slovakia

ISBN: 978-3-424-20202-1

Inhalt

Leithammel?

Braucht kein Mensch!

Wer »so viel Dreck am Stecken« hat, Spontanpolitik über Twitter praktiziert, mit Frauen einen mehr als zweifelhaften Umgang pflegt, Vetternwirtschaft in eine neue Dimension hebt und das diplomatische Feingespür eines Hafenarbeiters beim Ölwechsel hat, ist vor allem eines: unwählbar!

Das ist der Eindruck, den viele Menschen von dem amerikanischen Präsidenten Donald Trump haben. Weltweit. Aber die allermeisten, die so denken, waren zu seiner Wahl gar nicht zugelassen. Die, die zur Urne gehen durften, haben ihm mehrheitlich das Vertrauen geschenkt. Und das sogar ziemlich eindeutig.

»Jahaaa, der Autor hat recht!«, höre ich Sie rufen. »Diese Populistennachläufer sind unreflektierte Schafe! Die haben zwar keine fundierte Meinung, aber diese setzen sie dafür umso lauter durch. Bei uns würde so was nie passieren. Niehiemals!«

Wir nämlich, Sie und ich, wir agieren rational und entscheiden nur nach inhaltlich zukunftsweisender Politik.

Ja, schon klar. Genau deswegen besorgen wir uns vor Wahlen immer sämtliche Parteiprogramme, vergleichen Absatz für Absatz. Dazu holen wir Expertenmeinungen ein, und dann – nach Wochen des Abwägens von Für und Wider – reift in uns die Wahlentscheidung.

*Wir, die Intellektuellen, sind eben anders, reflektierter. *DrehtabzumObamaaltar*.*
Mitnichten. Mit-nich-ten!

Damit kein Missverständnis aufkommt, halte ich gleich zu Beginn fest: Die politischen Inhalte sind enorm wichtig. Punkt.

Doch unser Gehirn spielt uns einen Streich. Wir haben nämlich den Eindruck, dass wir vor allem auf ihrer Grundlage unsere Wahlentscheidungen treffen.

Aber egal ob links, rechts, progressiv, konservativ, liberal, ja auch ob bildungsnah oder bildungsfern – wir sind alle gleich. Unser Gehirn kann nicht anders, als zuerst »Nichtrationales« wahrzunehmen und das als Entscheidungsgrundlage zu verwenden.

Zuerst haben wir also ein »Bauchgefühl« zu einem Politiker. Im Anschluss bewerten wir seine Worte entsprechend. So nehmen wir bei unseren Schnuckis vornehmlich Positives wahr und springen für sie am Stammtisch schon mal in die Bresche. Bei unseren Anti-Darlings warten wir nur drauf, dass die ihr Loserimage bestätigen. Worauf bei uns die »Ichhabeesehschonimmergewusst«-Argumente runterrattern wie ein Rollo. Das nehmen wir dann gerne mit einem leicht überheb… ähhh …legenen Lächeln zur Kenntnis. Darüber vergessen wir, dass wir alle gefangen sind in einer Blase, die sich aus Redundanzen unserer emotionalen Erstmeinung zusammensetzt.

Die alles entscheidende Frage ist, wie wir überhaupt zu diesem Bauchgefühl kommen. Der Nobelpreisträger Daniel Kahneman hat es beschrieben als eine »Sinneswahrnehmung, die noch nicht verbalisiert werden kann«. Wir nehmen also Dinge wahr, die wir noch nicht in Worte fassen können. Und diese Wahrnehmungen haben mehr Einfluss auf Wahlentscheidungen, als wir gemeinhin meinen.

Wofür Leithammel?

Seit 20 Jahren beobachte ich weltweit Wahlkämpfe. Mehr noch – auch Staaten und Organisationen, in denen die Führungspersonen per Akklamation gewählt werden oder sich selbst inthronisieren, sehe ich mir genauer an. Dabei habe ich festgestellt, dass Menschen überall auf der Welt gleich agieren, wenn es um die Wahl ihrer Oberhäupter geht.

Und das ist nicht besonders rational. Nur wenige Wähler tauchen tiefer in die Politik ein, als Zeitungsschlagzeilen, Kurzartikel oder Tweets auf Social Media zu lesen. Das reicht uns dann meist als angebotene Lösungen für die komplexen Herausforderungen, die mit einer globalisierten, digitalisierten, sich immer mehr gentrifizierenden Welt verbunden sind. Doch diese oberflächlichen Infos können niemals ausreichen, um den oder die Geeignetste auszuwählen. Es ist somit wohl fraglich, ob wir tatsächlich immer die Besten an der Spitze unserer Gesellschaft haben. Also wofür dann überhaupt ein Oberhaupt? Geht es nicht auch ohne?

Nein! Auch wenn wir noch so oft über »die da oben« maulen, brauchen wir sie. Das hat sich evolutionär als enormer Vorteil erwiesen.

Rudel

Seit Lebewesen höher entwickelt waren, begannen sie, Rudel zu bilden. Hunde, Rehe, Steinböcke organisierten sich, denn das war eine Bündelung von Kraft und bedeutete damit Sicherheit. May the force be with you! Und das Krönchen der Schöpfung, der Homo sapiens, war sapiens genug, das auch zu tun.

Aber ein Rudel ist ja erst mal ein unorganisierter Haufen, das haben schon die im Neandertal gecheckt. Also musste einer her, der die Richtung vorgab. Ein Leithammel. Wenn der »Alle nach links« rief, mussten ihm auch möglichst alle folgen. Nur so konnte sich die Gruppe gegen übermächtige Feinde wirklich zur Wehr setzen. Er musste also vom Großteil der Gruppe akzeptiert sein. Und ob sie einen Leithammel akzeptierten oder nicht, entschieden die einzelnen Mitglieder binnen weniger Augenblicke. Nicht auf bewusster Ebene, sondern in älteren, vorgeschalteten Gehirnarealen.

So ist das auch noch heute bei allen Rudelwesen, eben auch beim Menschen.

Versprechen

Jedes Alphatier gibt der Gruppe ein Versprechen. Es verspricht, ihre grundlegenden Bedürfnisse zu erfüllen. Dieses wirkungsvolle Versprechen gibt es aber nicht verbal – das wäre für so manches Säugetier auch ganz schön schwierig –, nein, das passiert auf ganz anderer Ebene: salopp gesagt, auf Ebene der Emotionen. Genau auf der Ebene, die auch Körpersprache wahrnimmt und verarbeitet.

Es sind Signale der Mimik, Gestik, Haltung und auch der Inszenierung, die dieses Versprechen geben. Sie signalisieren uns: »Mein Bedürfnis wurde wahrgenommen.« Wer also stabile Verhältnisse will, sucht Stabilität in der Wirkung. Wer Veränderung will, sucht Signale des Aufruhrs. Wer Stärke oder Harmonie will, sucht wiederum seinen Bedürfnissen entsprechende Signale – eine emotionale Zusage, diese gefühlten Notwendigkeiten zu erfüllen. Sobald wir das in der Körpersprache erkennen, hat dieser Mensch einen festen Platz in unserem Herzen. Er ist unser Leithammel. Wir verteidigen ihn auf Biegen und Brechen, selbst wenn uns die Inhalte gar nicht mehr wirklich guttun. Erhalten wir dieses Versprechen hingegen nicht, ist dieser Mensch für uns unten durch. Und so lassen wir Inhalte von Politikern, die uns emotional nicht erreichen, gar nicht erst an uns heran. In der Wissenschaft spricht man vom »confirmation bias«.

Die Körpersprache der Politiker bestimmt den Wahlausgang darum mehr als Parteiprogramme und verbale Wahlversprechen.

Wer mit seiner Körpersprache die momentanen Bedürfnisse des Volkes am besten widerspiegelt, gewinnt die Wahlen.

In diesem Buch werden Sie auf faszinierende Beispiele stoßen, bei denen Sie sich fragen, ob das noch alles vernünftig ist: Politiker, die mit ihrer Körpersprache regelmäßig Begeisterungsstürme auslösen, auch wenn ihre Worte eine ziemlich dünne Suppe sind. Manche manipulieren uns mit einer bestimmten Drehung ihres Kopfes, andere nutzen kulturelle Gestiksignale, um ihre Wähler zu beeinflussen. Und Sie werden sehen, dass der Einfluss der Körpersprache sogar so weit geht, dass zwei Politiker ein und dasselbe sagen und damit völlig konträre Emotionen auslösen. Bei dem einen gibt es Unmut im Wahlvolk, bei dem anderen große Zustimmung. Der einzige Unterschied: die Körpersprache.

Die Auswahl

Ich habe die Protagonisten nach ihrem Einfluss auf die weltweite Politik ausgewählt – zugegeben, etwas aus meiner europäischen Sicht. Außerdem sollten sie körpersprachlich was »hergeben«. Und sie sollten beim Erscheinen des Buches noch im Amt sein. Mir ist nämlich wichtig, dass alles Gelesene täglich in den Medien nachvollziehbar ist und nicht in historischen Bildarchiven umständlich gesucht werden muss. Bedauerlicherweise wurde so die Auswahl an weiblichen Leithammeln kleiner als die durchschnittliche Männerquote in Yogakursen. Während ich das hier schreibe, ist der weltweite Anteil von Regierungschefinnen bei knapp über 5 Prozent. Ein wenig spiegelt sich das auch in diesem Buch wider. Hier steht das Verhältnis Frau : Mann 2 : 5. (Und mit Christine Lagarde ist sogar eine Nichtregierungschefin dabei.)

Natürlich hat das mit gesellschaftlichen Hürden für Frauen zu tun. Aber da spielt noch mehr rein. Möglicherweise sucht unser Gehirn immer noch nach Signalen, die früher mal Sinn gemacht haben, aber heute völlig überholt sind. Als nämlich körperliche Kraft der Garant für Sicherheit war, mag die Präferenz von Männern als Alphatiere ein kluger Schachzug gewesen sein. Heute, wo kein Präsident mehr mit seiner körperlichen Kraft die Säbelzahntiger an der Landesgrenze abhalten muss, sollte das Geschlecht unerheblich sein. Im Gegenteil. Die höhere Kommunikationsfähigkeit, die bessere Fähigkeit, Bindungen einzugehen, und weniger hierarchisches Denken machen Frauen zu mindestens ebenso guten Kandidaten. Wenn nicht zu besseren.

Halt, liebe Frauen, bevor Sie nun denken, dieses Buch drehe sich also vorrangig um Männer, sei Ihnen versichert, bei der Auswahl seiner Leithammel und -innen sucht der Mensch weniger nach geschlechtsspezifischen Signalen als vielmehr nach Führungssignalen. Und die hat jeder von uns potenziell zur Verfügung.

Nach der Lektüre dieses Buches werden Sie ein großes Arsenal dieser Signale wahrnehmen, die Sie bisher übersehen haben. Kleine Gesten, spezielle Körperhaltungen, Kopfdrehungen und minimale Bewegungen der Augenbrauen werden Ihnen plötzlich so augenscheinlich, dass Sie sich stellenweise fragen werden: »Wie konnte ich das bisher übersehen?« Dabei haben Sie es gar nicht übersehen, aber es ist nicht in Ihr Bewusstsein vorgedrungen. Dieses Buch ist sozusagen eine Bewusstseinserweiterung. Quasi LSD. Aber auf legal.

Lernen von den Leithammeln

Und genau da wird der Stoff für Ihr Leben besonders relevant. Denn immer wieder sind auch wir Leithammel. Ob unsere Ideen im Job umgesetzt werden, ob uns zugehört wird oder ob unsere Kinder endlich mal das machen, was wir von ihnen verlangen: Niemals geht es dabei allein um die Botschaft. Vielmehr geht es darum, ob die Botschaft ernst genommen wird.

Deswegen klauen wir von den Politikern, was das Zeug hält. Wir picken uns besonders praxistaugliche Signale heraus, um genauso gewinnend, überzeugend und selbstbewusst zu wirken wie die Besten der Besten.

Gleichzeitig werden Sie nach diesem Buch wissen, was Sie unbedingt vermeiden sollten, um nicht in die Antipathie-, die Arroganz- oder Unglaubwürdigkeitsfalle zu tappen.

Das ist kein Buch über Politik

Manchmal wird es in Ihrem Bauch grummeln. Sie werden denken: »Wie kann er an diesem Menschen nur was Positives finden?« Und bei anderen: »Was hackt der auf der Person so rum?« In dem Moment, in dem Sie denken: »Da kommt jetzt seine politische Meinung durch«, sollten Sie sich fragen: »Kommt jetzt vielleicht gerade Ihre eigene durch?«

Betrachten Sie das alles mit einer gesunden Skepsis. Nicht mit jenem Misstrauen, das überall immer den Fehler sucht, sondern mit der Frage: »Könnte es auch anders sein?« Ich mache das auch. Und dabei bin ich darauf gekommen, dass wir auch von Menschen, die am ganz anderen Ende des Spektrums stehen, viel lernen können. Vielleicht nicht inhaltlich, aber doch von ihrer Körpersprache.

Viel Freude beim Lesen und Entdecken!

Ihr Stefan Verra

Leseanleitung

Das ist Ihr Buch! Lesen Sie es von vorne nach hinten oder umgekehrt. Vielleicht wundern Sie sich über eine Geste eines bestimmten Politikers, dann nehmen Sie das Buch zur Hand, und schlagen Sie genau dieses Kapitel auf. (Ja, Sie können auch mit dem Bildchenschauen beginnen.) Immer dort, wo Ergänzendes und Relevantes auch noch in anderem Zusammenhang steht, finden Sie Verweise im Text.

Ach, und eines ist mir noch wichtig zu erwähnen: Körpersprache anhand von Bildern zu analysieren ist immer unfair, ja eigentlich unseriös. Eine Haltung kann auf dem nächsten Schnappschuss schon ganz anders aussehen. Deswegen analysiere ich ausschließlich anhand von Bewegtbildermaterial oder in persona. Die Bilder in diesem Buch dienen insofern nur zur Veranschaulichung typischer körpersprachlicher Eigenschaften der jeweiligen Persönlichkeit.

> ## Das kann man sich merken
> In dieser Rubrik erfahren Sie, wie Sie das Gelernte für sich nutzbar machen. Sehen Sie es als Angebot, von dem Sie Gebrauch machen *können*.

Erkenntnis

Die Absätze am Ende jedes Porträts sind keine Kurzzusammenfassungen. Sosehr wir in einer Zeit der Lifehacks, Abkürzungen und Kurzbotschaften leben, ersetzen diese Schlüsselsätze nicht das tiefe Eintauchen in den Ursprung der Signale, durch das allein der jeweilig betreffende Politiker und seine körpersprachlichen Signale verstehbar werden. Der Einfachheit halber ist grundsätzliches Wissen über bestimmte Körpersprachesignale in einer anderen Schriftart gesetzt.

Körpersprache, die (fem.)

So, wie die weltweite Spitzenpolitik von Männern dominiert wird, ist auch unsere Sprache männlich durchsetzt. Ich bin mir dieses Umstands bewusst und hatte deswegen begonnen, im Buch männliche und weibliche Formen zu verwenden. Das war zu holprig und schwer zu lesen. Sie werden sehen, dass ich manchmal auf das neutrale »Gegenüber« ausweiche. Und auch da habe ich gemerkt, wie schnell die Worte unpersönlich klingen. (Verstehen Sie mich nicht falsch, aber wenn Sie anderen Ihre Partnerin bzw. Ihren Partner nicht mehr als »meine Frau« bzw. »mein Mann«, sondern als »mein Gegenüber« vorstellen, haben Sie wahrscheinlich ein Eheproblem.) Deswegen habe ich mich für die schwungvolle, gewohnte Variante entschieden.

Und für alle, die es »lächerlich« finden, sich über das Geschlecht von Wörtern aufzuregen, denen sei ein Gedanke des Philosophen Ludwig Wittgenstein ans Herz gelegt, der meinte, dass Sprache die Wirklichkeit abbildet. So gesehen ist es bemerkenswert, dass es *die* Macht und *die* Politik heißt.

Donald Trump

Faust, Kussmund und andere Attitüden

Er drängt Amtskollegen zur Seite, als gäbe es Freibier. Beim Händeschütteln reißt er sein Gegenüber fast von den Beinen, und seine Zudringlichkeit bei Frauen würde man eher in einer billigen Hafenkneipe um 2 Uhr nachts erwarten. Die wenigsten würden diese Körpersprache mit dem Amt eines Präsidenten verknüpfen. Nein, ich meine nicht, dass sich ein Präsidentenamt grundsätzlich durch Eleganz und Vornehmheit auszeichnet. Zu sehr erinnern wir uns an die Affären von Vorvorgänger Bill Clinton, an das kommunikative Ungeschick eines George W. Bush und an das Geltungsbedürfnis eines Barack Obama. Aber, hey, wie viel würden viele dafür geben, wenn einer der eben genannten das Amt vom aktuell obersten Händeschüttler Amerikas wieder übernehmen würde?

Und doch wurde Donald Trump von über 60 Millionen Amerikanern gewählt. Er hat eine stabile Wählerschicht, die sich von frauenverachtendem Gehabe, hetzerischen Widersprüchen und glatten Lügen nicht abbringen lässt. Sie fragen sich vielleicht, was das für schlichte Gemüter und radikal gesinnte Deppen sind, die den gewählt haben. »Bildungsferne Schichten« nennt man sie oder »grumpy white old men«. Grantige alte weiße Männer, die gerne die amerikanische Überlegenheit mit ihrem privaten Waffenarsenal zelebrieren. Die haben ihre Stimme einem Mann gegeben, von dem wir, die »bildungsnahe Schicht«, denken: »So einem Menschen würden wir niemals unsere Stimme geben. Ne-ver!«

Wie gerne veranstalten wir Bildungsbürgerliche in unserer Blase intellektuelle Überlegenheitspartys und klopfen uns gegenseitig dafür auf die Schultern, wie viel wertvoller unsere Meinung doch ist. Doch Vorsicht vor zu viel intellektuellem Snobismus, denn der entfernt uns immer weiter von den Trump-Wählern und Andersdenkenden. Es wäre augenöffnender, wenn wir uns einfach eingestehen, dass er irgendetwas Faszinierendes an sich haben muss. So wäre eine verständnisvollere Begegnung mit Menschen möglich, deren Meinung viele nicht teilen. Es geht nämlich nicht nur um seine Aussagen oder Falschaussagen. Denn die Entscheidung für Trump fand, wie eingangs erwähnt, nicht auf einer intellektuellen Ebene des Gehirns statt, sondern auf einer vorgeschalteten. Genau da, wo Körpersprache wahrgenommen wird.

Ungeschliffen

Von Donald Trump habe ich zum ersten Mal ca. 2005 gehört. Im wahrsten Sinne des Wortes. Denn damals fiel mir ein Hörbuch von ihm in die Hände. Eines dieser »So wirst du schnell reich«-Dinger. Die Inhalte waren nicht weltbewegend, nicht wirklich neu, aber eigentlich gut. Sie haben mich das eine oder andere Mal zum Nachdenken angeregt.

Ich habe wirklich lange gebraucht, um zu kapieren, dass dieses Hörbuch von dem Mann ist, der die US-Wahlen 2016 gewonnen hat. Die Bilder in meinem Kopf haben so gar nicht zusammengepasst.

Auch heute noch habe ich den Eindruck, dass er das Buch unmöglich selbst geschrieben haben kann. Einerseits Inspirierendes und klar Strukturiertes, andererseits so viel Polarisierendes und offenbar wenig Durchdachtes. Ein Programm in meinem Gehirn tut sich offensichtlich schwer damit, zwei so unterschiedliche Eindrücke in Bezug auf einen Menschen zu vereinen.

Mittlerweile kenne ich Donald Trumps Körpersprache sehr gut. Auf Einladung einiger Medien nehme ich ihn immer wieder genau unter die Lupe. Um ehrlich zu sagen: Seine Körpersprache ist tatsächlich faszinierend! Punkt. Da gibt es die geschliffenen Clintons, die zurückhaltende Merkel und den vielfältigen Obama. Aber Trump, der ist ganz anders. Seine Körpersprache ist weder geschliffen noch zurückhaltend, und ob sie vielfältig oder doch eher einfältig ist, werden wir uns im Folgenden genauer anschauen.

Er kam, sah und brüllte

Trump stieg in den Wahlkampf ein, als viele Amerikaner unzufrieden waren.

Besonders im »rust belt« und im Süden, den Regionen also, in denen die »alten« Industrien vor Jahrzehnten noch stark waren. Aber wer braucht heute schon Stahl aus Michigan, wenn Inder und Chinesen ihn genauso gut herstellen können? Nur deutlich billiger. Wer braucht Autozulieferer aus Ohio, wenn die Zukunft der Autos im Silicon Valley liegt? Das hören die Menschen in diesen Gegenden seit Jahren. Die »einfachen« Arbeiter macht das unruhig. Besonders jene, die spüren, dass sie es an einem anderen Ort nicht schaffen würden. Dafür fehlt ihnen vielleicht die Ausbildung oder das Geld. Aber vor allem fehlt ihnen der Mut.

Viele, sehr viele, bekommen es mit der Angst zu tun. Genau in dem Moment kommt eine menschliche Eigenschaft ins Spiel: Wir zeigen Angst oft in Form von Aggression. Dafür braucht es ein Aggressionsobjekt, einen Sündenbock. Und diese Menschen wissen genau, wer für all den Schlamassel verantwortlich ist: die Politiker in Washington. Deswegen geht's meist hoch her, wenn die Arbeiter sich in der Kneipe treffen. Sie lassen ihrem Ärger freien Lauf und schimpfen über »die in Washington« und das Establishment insgesamt. Dabei hauen sie mit der Faust auf den Tisch, brüllen laut und zeigen ihre Angst und Verzweiflung in Form von Zorn. Und das ist in ihren Gesichtern abzulesen.

Zack, steht Redhead Trump auf der Matte und sagt sich: »Zornig? Kann ich auch! So schwer kann das ja jetzt nicht sein.« Und so macht er es wie sie. Also schimpft er auch über »die in Washington« und das Establishment insgesamt. Dabei brüllt er durch die Halle und haut mit der Faust aufs Rednerpult. Der Zorn steht ihm ins Gesicht geschrieben. Merken Sie etwas? Donald Trump hat nix erfunden, er hat einfach genau das getan, was diese Menschen zeigen, die frustriert sind und sich alleingelassen fühlen. Er hat sie einfach kopiert. Die Menschen sehen also die gleichen Signale, die sowohl sie selbst als auch ihre Kumpels vom Kneipentisch aussenden. Und damit denken viele von ihnen: »Das ist einer von uns! Der versteht mich.«

Hallo?? Geht's noch?? Der hat goldene Wasserhähne, ein paar Milliarden auf dem Konto und ein slowenisches (Ex-)Star-Model zur Ehefrau. Das ist ungefähr das Gegenteil vom Leben der meisten Trump-Wähler. Und doch schließen sie ihn in ihr Herz. Er kann also die momentanen Gefühle seiner Sympathisantinnen und Sympathisanten am besten repräsentieren. Und damit haben sie seinen Worten wohlwollender zugehört als denen seiner Kontrahenten.

Das kann man sich merken

Wer Menschen wirklich nahekommen will, wird das nur schaffen, indem er ihrer Körpersprache »entspricht«. Genau so, wie wir es machen, wenn das Kind freudestrahlend vom Kindergarten erzählt. Da wird auch keine Mutter ein gelangweiltes Gesicht aufsetzen. Nein, sie wird die Freude widerspiegeln und wie ihr Kind die Augen aufreißen, den Mund zu einem Lächeln öffnen und sogar mit dem Kopf im Rhythmus der Worte des Kindes mitwippen. Genau dadurch entsteht beim Kind das Gefühl: »Mama versteht mich.« Auch Väter stimmen in die stolze Körpersprache ein, die Sohnemann macht, wenn der zum ersten Mal das Star-Wars-Schwert schwingt, als hätte er selbst gerade die Stormtrooper und Darth Vader zusammen erledigt. Und das muss weder Mutter noch Vater im Geburtsvorbereitungskurs lernen – es ist ihnen mitgegeben. Wenden Sie es doch auch bei Erwachsenen an! Ja, genau so wie beschrieben. Wenn die Kollegin vom »unmöglichen« Kunden erzählt, reicht es nicht, ihr nur mit den Ohren zuzuhören. Sie müssen ihr auch *zeigen,* dass

Sie zuhören. Reißen Sie ein wenig die Augen auf, wie es First Lady Melania jeden Morgen beim Wimperntuschen macht. Nicken Sie interessiert, und halten Sie Augenkontakt. Damit spiegeln Sie ein wenig von der Aufgeregtheit der Kollegin in Ihrer Körpersprache wider. Sie haben damit eine starke emotionale Basis geschaffen. Und nur für den Fall, dass sie Ihnen dann gar nicht mehr von der Pelle rücken will, packen Sie sich gerne das Star-Wars-Schwert in die Handtasche.

Big, bigger, Trump

Bevor wir uns einzelne Signale von Trump im Detail anschauen, ist es wichtig, das ganze Bild zu betrachten. Und das ist groß.

Kleinteiliges Fingerzupfen wie bei Merkel, Unterkieferstarre wie Wladimir Putin? Fehlanzeige. Für jede Analyse ist *the big picture* weit entscheidender als das Zerklauben von Miniaturgesten. Dazu sollten Sie Ihr Bauchgefühl zulassen. Ihn einfach mal auf sich wirken lassen. Und da werden Eigenschaften wie zart, fein und ele-

gant nicht vorkommen. Eher wuchtig, hölzern und grobschlächtig. Und jetzt müssen Sie das nur noch mit Fakten unterlegen.

Voll im Schritt – er kann es sich leisten

Nein, wir reden jetzt nicht über seine Fummelvorlieben. So was dürfte auch er sich nicht leisten. Aber lassen wir das leidige Thema. Reden wir lieber von seinem Schritt. Ochhhh, Sie verstehen das schon wieder falsch. Wie komm ich nur aus der Nummer raus?

Also von vorne: Trump ist eine beeindruckende Gestalt. Mit 1,88 m zählt er zu den großen Menschen und überragt damit viele seiner Gesprächspartner. Das vermittelt uns einen Eindruck von Kraft. Dieser Eindruck wird durch seinen Gang komplettiert. Seine Schritte sind groß, und er tritt fest mit der Ferse auf. Das kann der Mensch nur dann machen, wenn er sich des Untergrunds sicher ist. Treten Sie mal mit nackten Fersen fest auf Schotteruntergrund auf. Viel Vergnügen. Wenn wir den Boden nicht kennen, treten wir sanft auf, vielleicht sogar nur mit dem flachen Fuß oder gar nur mit dem Fußballen.

Nun ist das niemals ein Entweder-oder. Es ist vielmehr so, dass Menschen eher zum sanften Auftreten oder zum festen Fersenaufsetzen *tendieren*. Man muss also genau hinschauen, um die Tendenz zu erkennen. Bei Trump werden Sie sehr einfach erkennen, dass er sich um den Untergrund wenig schert. Er ist sich offensichtlich sicher, dass das Leben für ihn den roten Teppich ausgelegt hat. Deswegen kann er ohne Vorsicht drauflosmarschieren. Das verleiht ihm Zielstrebigkeit und vermittelt Selbstsicherheit.

An der Klagemauer in Jerusalem oder beim Begräbnis von Kriegsgefallenen hingegen kommt dieser Gang zu grobschlächtig daher. Alleine damit *wirkt* er schon wenig einfühlsam. Wobei das eigentlich unfair ist, denn wir *wissen* nicht, ob er an der Klagemauer nicht vielleicht doch sehr ergriffen war. Allein, wir trauen es ihm nicht zu. Und so spielt die Art, wie er in die Situation hinein*geht*, eine tragende Rolle.

Über-heblich

Wenn Sie nun das Bild von Trump in Ihrem Kopf haben, dann reden wir doch auch gleich über seinen. Den hält er nämlich hoch. Vor allem dann, wenn er sich beobachtet fühlt. Diese Kopfhaltung ist natürlich uralt. Es ist die einfachste Art, sich über andere zu erheben.

Ende Mai 2017 beim NATO-Gipfel in Brüssel: Trump im Pulk anderer Politiker, darunter NATO-Generalsekretär Jens Stoltenberg und der montenegrinische Premierminister Duško Marković. Als Trump bemerkte, dass er ins Blickfeld der Kameras rückte, drängte er sich vor. Und wie! Mit seiner rechten Hand schob er Marković resolut zur Seite und stellte sich direkt vor ihn hin. Genau so, wie es Kinder machen, wenn sie sich zum Eisstand vordrängen. Bemerkenswert war dabei seine Kopfhaltung. Als er zuvor mitten in der Gruppe ging, hielt er seinen Kopf noch Richtung Boden geneigt. Kaum hatte er Marković weggeschoben und sich an die Front gestellt, hob er sein Kinn deutlich hoch.

Mit dieser Aktion hat er nicht nur klar Position bezogen, er hat sich mit dieser Geste auch über all die anderen Staatsmänner und -frauen erhoben. Er wirkte also über-heblich.

Auf Staatsempfängen, bei Reden, im Interview – immer wieder hebt Trump seinen Kopf und macht sich damit größer. Gerade in der oben beschriebenen NATO-Szene zeigt sich, dass ihm nicht klar ist, wie rücksichtslos er bisweilen agiert. Sein Ziel, wahrgenommen zu werden, nimmt sein Handeln so sehr in Beschlag, dass er den Weg zum Ziel nicht bewusst mitverfolgt.

Ihm fehlen hier Subtilität und Eleganz. Dieses Bedürfnis, sich größer und höher zu machen, wirkt erstaunlich offensichtlich. Er überspielt sein Verlangen nach Aufmerksamkeit nicht und kompensiert es nicht mit, sagen wir mal, Frustshoppen.

Ein Narr, wer meint, dass er der einzige Politiker wäre, der in der Öffentlichkeit größer erscheinen will. Wer es bis ganz nach

oben schaffen will, muss sich auf dem Weg dahin über viele andere erheben. Aber die wenigsten lassen den Rüpel raushängen oder recken das Kinn so offensichtlich über die Umstehenden. Schließlich wissen die meisten, dass das nicht gut ankommt.

Trump ist da anders, er überlegt nicht. Also tritt das Innerste ungebremst und unzensiert zutage. Auch das macht ihn in seinem Agieren sehr glaubwürdig. Nicht unbedingt sympathisch. Aber eben berechenbar.

Im Grunde hat dieses »Sich-Erheben« von Donald Trump viel Positives. Wenn Menschen Angst haben, machen sie sich kleiner, sie verstecken sich. Wenn einer aber trotz der Gefahr noch mit erhobenem Kopf und hoch aufgerichtet steht, signalisiert er uns: »Ich habe nicht die Hosen voll, ich bin noch souverän.« Zum anderen zeigt er damit, dass er weiter blickt als nur auf die kleinen Steinchen, die einem in den Lebensweg gelegt wurden. Archaisch gesprochen: Der, der den Blick in die Ferne gerichtet hat, erblickt den Mammutbraten als Erster. Damit war er schneller der Chef der Gruppe als der bucklige Erbsenzähler, dessen Blick nur bis vor die eigenen Füße reicht.

Das kann man sich merken

Selbstsicherheit und Weitblick sind, was Menschen auch heute noch von einem Alphatier erwarten. Mit etwas Distanz ist ein erhobener Kopf also durchaus ein positives Signal. Das können wir uns von Donald Trump abschauen. Aber Vorsicht: Im persönlichen Gespräch mit anderen Menschen ist es schnell mal ein Signal der Überheblichkeit. Damit würden Sie arrogant wirken und in die Falle der Antipathie tappen, wie es dieser professionelle Golfspieler mit Nebenjob im Weißen Haus tut.

Beißen

Lassen Sie doch mal den Donald raus: Heben Sie den Kopf und schieben Sie dabei den Unterkiefer nach vorn. Wenn Sie dabei die Unterlippe leicht öffnen, sind Sie schon fast ein @realDonaldTrump.

Ein starker Unterkiefer vermittelt Kraft. Wenn Sie so richtig zornig sind. So wirklich richtig. So weißglut-richtig. Wenn's hilft, denken Sie dran, wie Nachbars Hund wieder mal direkt vor Ihrer Türe sein Geschäft verrichtet hat. Sie werden dann an sich beobachten, dass Sie Ihren Unterkiefer nach vorne schieben.

In Kulturen, in denen die männliche Kraft heute noch ein entscheidendes Merkmal für die Einordnung in der Gesellschaft ist, werden bereits ab der Pubertät Kinnbärte gepflegt. Das betont zum einen die Kinnpartie, und sie zeigen damit: »Seht her, ich bin kein Kind mehr.«

Mahlen

Trump schiebt nicht nur den Unterkiefer betont nach vorne, das reicht ihm wohl nicht. Er legt noch eins drauf. Bewusst oder unbewusst mahlt Donald mit seinen Zähnen. Auch wenn er keinen Burger kaut. Psychologen würden das wohl eine Übersprungshandlung nennen. Körperliche Aktivitäten beruhigen uns. Wir spielen mit unserem Ehering, zupfen an den Fingernägeln oder kritzeln in Besprechungen auf einem Zettel rum. Und Donald mahlt. Vielleicht war das auch der Grund, weshalb Donald Trump im Moment vor seiner Inauguration 2017 so richtig auffällig gemahlen hat. Möglicherweise hat er sich zu diesem Zeitpunkt unter Druck gefühlt. Während der Zeremonie konnte er aber nicht auf den Boxsack hauen oder sich mit Brüllen erleichtern. Also machte er etwas sehr Menschliches: Was wir nicht nach außen richten können, wird bisweilen durch Druck auf die Zähne ersetzt. Es könnte also auch ein Zeichen von notgedrungener Selbstbeherrschung sein.

Aber da er sehr oft mit seinem Unterkiefer Mahlbewegungen macht, sollten wir ihm nicht unterstellen, ständig nervös zu sein.

Egal warum und wie oft er es macht, der Eindruck von Aggressivität und auch Ungeduld bleibt nicht aus. Wenn Sie also mit Ihrer Partnerin einen schönen Hochzeitstag verbringen wollen und sie sitzt mit erhobenem Kopf da, Kinn nach oben, und mahlt dabei mit dem Unterkiefer, sollten Sie den Abend noch mal richtig genießen. Viele werden nicht mehr folgen.

Fletschen

Wenn Trump sich zu einem Lächeln aufrafft, macht er das schulbuchmäßig. Er spannt nämlich einfach den großen Gesichtsmuskel an. Dieser zieht die Mundwinkel nach hinten. Weniger nach oben, mehr nach hinten. Dazu öffnet er auch gerne die Lippen. Das macht er so nachdrücklich, dass sich diese weit nach hinten spannen und seine Zähne sichtbar werden. Auch wenn ich ihm damit vielleicht unrecht tue, erinnert sein Lächeln oft an ein Zähnefletschen. Beide Vorgänger, Bill Clinton und Barack Obama, lächeln da holistischer. (Ja, solche Worte schüttle ich einfach aus dem Ärmel. *blästsichFusselvomSakko*) Das heißt, deren gesamte Gesichtsmimik stellt sich auf ein Lächelgesicht ein. Verstehen Sie mich nicht falsch, auch die beiden haben sehr oft ein Lächeln einfach aufgesetzt. Aber es hat trotzdem glaubwürdiger gewirkt. Der Grund ist simpel: Sie tun es oft. Und damit wirkt es rund und selbstverständlich.

Trump fordert von seinen Gesichtsmuskeln weniger Lächeltraining. Somit bleibt es beim Lächeln mit dem Mund, der Rest der beteiligten Gesichtsmuskeln bleibt unbewegt.

Das kann man sich merken

Im Alltag setzen wir sehr oft ein Lächeln auf. Lassen Sie sich nicht irritieren durch: »Das ist ja dann kein ehrliches Lächeln.« Stimmt, ist es nicht. Aber es ist ein willkommener Schmierstoff im sozialen Zusammenleben. Wer lächelt, wenn er jemanden versehentlich anrempelt, wer lächelt, wenn er einen Raum betritt, wer lächelt, wenn er mit dem Glas Wein anstößt, der weiß, wie man harmonisch zusammenlebt. Und je öfter Sie es machen, desto natürlicher wird es wirken. (Das Lächeln, nicht das Trinken.)

Peng – der Zeigefinger als Waffe

Jetzt lächelt der große Blonde schon einigermaßen angespannt. Und dann zieht er auch noch regelmäßig eine Waffe. Eine, die ihm zwar keine Mitgliedschaft bei der NRA (National Rifle Association) einbringt, aber in der Körpersprache trotzdem ziemlich Radau machen kann. Den Zeigefinger.

Waffen- und Werkzeugkunde

Entwicklungsgeschichtlich ist er ein Werkzeug, das sich erst im vollen Umfang entwickeln konnte, nachdem wir die Hände nicht mehr zum Fortbewegen einsetzen mussten. Das hat die Menschheit ordentlich nach vorne gebracht. Pommes im Schwimmbad, SMS an den Chef »Ich bin total erkältet und kann wirklich nicht reden. Muss mich leider krankmelden«, ja selbst in der Nasen bohren – für Pferde äußerst schwer.

Wollte der frühe Mensch leckere Termiten aus dem Loch stochern, einen Fisch ausnehmen oder ein kleines Tier erstechen, hat er es zum Beispiel mit einem Stock gemacht. War kein Stock zur Verfügung, diente eben der Zeigefinger als solcher und wurde zum Stechwerkzeug zweckentfremdet. Heute gerne mal, um Schuldige, Argumente oder auch Gegner imaginär zu erstechen.

Trump sticht gerne zu. Zusammen mit seiner angespannten Mimik wirkt er damit einigermaßen aggressiv. Zum Hingucker aber wird sein Zeigefinger im Zusammenspiel mit dem aufgeklappten Handgelenk.

Seine restlichen Finger sind dazu nicht voll angespannt, es wirkt »halb gar«: weder richtig aggressiv noch wirklich harmlos.

Pass auf – der Zeigefinger als Signal

Der Zeigefinger hat auch noch eine andere, ganz offensichtliche Bedeutung. Es ist sehr einfach, sich damit selbst zu vergrößern und sichtbar zu machen. Wer Aufmerksamkeit will, der hebt einen Arm und streckt dazu den Zeigefinger empor. In der Schule haben die Lehrer Ihnen das so eingetrichtert, dass Sie es heute noch machen, wenn Sie gehört werden wollen. Trump macht das, um sich zu vergrößern. Aber auch, um Punkte »emporzuheben«, die ihm wichtig sind. Gar nicht mal so blöd. Denn damit erleichtert er es dem Zuschauer, das Wichtige vom Unwichtigen zu unterscheiden.

Das kann man sich merken

Liebe Oberlehrer und Oberlehrerinnen, wer der ganzen Menschheit mit erhobenem Zeigefinger vermitteln will, wie die Sache zu laufen hat, und wer die Weisheit mit dem Löffel gefressen hat, wird ganz schnell aussortiert. Aus der Sympathieschublade.

Denn damit vergrößert man immer auch sich selbst und seinen Standpunkt. Und zwar auf sehr be-stechende Art. Den meisten Menschen ist es nicht bewusst, wie oft sie mit dieser Gestik hantieren – somit ist vielleicht nicht mal böse Absicht dahinter. Der Wirkung tut das aber keinen Abbruch.

Geschickt eingesetzt kann der Zeigefinger aber eine Rede, eine Präsentation toll unterstützen. An wichtigen Stellen die Hand und den Zeigefinger hoch in die Luft zu heben erhöht automatisch die Aufmerksamkeit. Nur machen Sie es nicht zur Dauergeste, Fräulein Rottenmeier!

Particularly you!
Der Zeigefinger als Brücke

Amerikanische Politiker zeigen mit dem Zeigefinger gerne ins Publikum. Das sieht man hierzulande quasi nie. Dabei geht es weder ums Stechen noch ums Größermachen. Vielmehr dient es dazu, eine Verbindung herzustellen. E.T. hat damit sogar bis ins Weltall telefoniert. Es zeigt an: »Ich nehme mit dir Kontakt auf. Du bist gemeint.« Dabei fixieren sie einen Bereich des Publikums mit ihren Augen und deuten mit dem Zeigefinger dorthin. Aufgrund der großen Entfernung zwischen Bühne und Publikum hat jeder, der in diesem Bereich steht, den Eindruck, genau er sei gemeint. Als Außenstehender wirkt es bisweilen befremdlich. Wer aber schon mal von einem Popstar von der Bühne aus so angedeutet wurde, weiß um die starke Bindungswirkung dieser Geste.

Das Kommunikationsringerl

Formen Sie mal zwischen Zeigefinger- und Daumenspitze einen kleinen Ring. Wenn Sie das jetzt mit der zweiten Hand auch noch machen, kommen Sie einer typischen Trump-Geste schon recht nahe.

Diese Geste hat zwei Bedeutungen. Beide sind älter als der Mensch selbst. Bei Primaten kann man beobachten, dass sie ihre Hände verwenden, um feinmotorische Tätigkeiten auszuführen. Wenn die aus einer Baumrindenöffnung ein kleines Insekt holen wollen, formen sie mit ihren ersten beiden Fingern eine kleine Zange. Menschen haben diese Technik verfeinert, sodass wir mit unseren Fingern sehr ausgefeilte Bewegungen machen können. Denken Sie an das Einfädeln eines Nähfadens. Und da Körpersprache oft unsere Gedanken in die Realität transformiert, liegt es auf der Hand, dass wir mit dieser Bewegung auch unsere Ideen verfeinern und präzisieren. Deswegen verwenden Politiker diese Geste sehr oft. Wenn es auf »diesen speziellen Punkt ankommt« oder die Sache mit viel »Fingerspitzengefühl« angegangen werden muss. Oft wird dazu ein kleiner Ring zwischen Zeigefinger und Daumen geformt.

Ich höre Sie sagen, lieber Leser: »Der Trump hat aber jetzt nicht gaaar so viel Fingerspitzengefühl. Bei dem müsste der Faden eher ein Seil und das Öhr ein Kanalrohr sein.« Na, na, lieber Leser, verlieren Sie bitte nicht Ihr Niveau! Aber Sie haben recht. Man muss die Bewegung auch von einer anderen Seite aus betrachten.

Der Kommunikationsring hat auch eine gröbere Bedeutung. Wenn der Gorilla von nebenan eine Nuss auf dem Boden sah, nahm er schon mal ein Werkzeug zur Hand, um die Schale zu zertrümmern. Den nahe liegenden Stein zum Beispiel. Auch der Mensch griff zum Stein, um Früchte zu öffnen oder Kleingetier zu erschlagen. Später im Neandertal, wenn die Gattin den Säbelzahnbraten nicht entsprechend gewürzt hatte und sich mit »Aldi hatte schon geschlossen« rausreden wollte, schlug der Höhlenherr nicht mehr mit dem Stein auf den Tisch, um ihre Ausrede zu

»zertrümmern«. Das hätte die Tischplatte ruiniert. Und Tischler waren damals noch schwerer zu erwischen als heute ein Verkäufer im Baumarkt. Und so hat er eben mit der Faust auf den Tisch gehauen. Das machen wir heute noch, wir zertrümmern mit dieser Geste die Argumente des Gegenübers. In Parteisitzungen, Vorstandsrunden und Kulturausschüssen setzt sich das Tischhauen allerdings nur äußerst zögerlich durch. Deswegen »elegantisieren« wir die Faust. Eben zu einem Ringerl zwischen Daumen und Zeigefingern, manchmal nehmen wir auch den Mittelfinger dazu. Und nun bewegen wir diese Geste auf und ab. Und erschlagen damit die Gegenargumente. Nur eben sehr elegant.

Elegant? Hätten Sie dieses Wort in Zusammenhang mit Trumps Körpersprache vermutet? Nun, einerseits ist Trumps Körpersprache eben nicht nur schlicht und simpel. Er setzt nämlich diese Geste ein, die wohl nachdrücklich, aber eben auch elegant und präzise wirken könnte. *Könnte.* Denn andererseits wirkt der Gute damit nicht wirklich elegant. Für wahre Eleganz hat er zu viel Muskelspannung in den Händen, die bisweilen sogar als Verkrampfung erkennbar ist. Die restlichen Finger stehen nämlich meist starr ab.

> **Das kann man sich merken**
>
> Wer das Kommunikationsringerl beim Darlegen seiner Argumente gezielt einsetzt, erzeugt ein Gefühl von Präzision und Kraft. Allerdings sollten wir von Donald lernen, dass die Wirkung nur dann stimmt, wenn der Rest des Körpers mitspielt.

Donald oder Donna?

Vielschichtig werden diese Bewegungen bei Trump besonders dann, wenn man seine Handgelenke dazu betrachtet. Die untergraben die kräftige Wirkung seiner Faust. Er hält sie oft etwas aufgeklappt, und das macht nämlich das Gelenk instabil. Das ist seeeehr weiblich.

Signal der Weiblichkeit

Will man einen Gegenstand fest packen, ist das Handgelenk gerade. Damit ist die Kraftübertragung vom Arm zur Hand am effektivsten. Bei aufgeklapptem Gelenk ist nur sehr wenig Energie übertragbar. Interessanterweise ist dieses Signal bei Frauen zu sehen, die damit ihre Weiblichkeit unterstreichen. Wenn sie die Zigarette halten oder eine Handtasche im Ellbogen tragen – oft ist das Handgelenk nach außen oder innen weggeklappt. Dieses Signal der Kraftlosigkeit wird von Männern sehr schnell wahrgenommen. Es betont den Unterschied zum eigenen Geschlecht in besonders starkem Maße.

Beim Werben um einen Partner setzt seit jeher jeder auf seine Stärken. Bei Männern ist das eben die körperliche Kraft, somit ist bei ihnen meist ein gerades Handgelenk zu sehen. Frauen signalisieren ihre Weiblichkeit, indem sie genau solche Signale zeigen, die man eben beim Mann nicht sieht. Untersuchungen belegen, dass Männer wie Frauen innerhalb eines Augenblicks anhand solcher Zeichen erkennen, ob es sich ums eigene oder eben das andere Geschlecht handelt (siehe auch mein Buch *Hey, dein Körper flirtet!*).

Dass Trump nun die verkappte Faust verwendet, die am Rednerpult auch auf- und niederfliegt, zeigt wohl sein Bedürfnis nach einem kraftvollen Erscheinungsbild. Kombiniert mit dem femininen Signal des aufgeklappten Handgelenks gibt ihm das eine Vielschichtigkeit, die ungewöhnlich ist.

Die Natur widerspricht sich nicht

Üblicherweise richten Menschen ihre gesamte Energie am gewünschten Ziel aus. Wer also zornig ist, der zeigt von oben bis unten Signale des Zorns. Hohe Muskelspannung im gesamten Körper, Kopf gerade, Stirn nach vorne geneigt, Zähne zusammengebissen. Den Nacken angespannt und die Arme gebeugt, dabei die Fäuste geballt. Ein breiter Stand mit Fußspitzen nach außen komplettiert das sehr eindeutige Bild des Zorns. Würde sich nur ein Signal verändern, wäre die Wirkung der Aggressivität geschwächt. Versuchen Sie mal Folgendes: Nehmen Sie genau die oben beschriebene Haltung ein. Versetzen Sie sich, so gut Sie können, in eine aggressive Haltung, von Kopf bis Fuß. Wenn der Körper so richtig in der Zornspannung ist, machen Sie ein Unterlegenheitssignal, indem Sie den Kopf etwas auf die Seite legen. Was passiert? Es schmerzt entweder im Nacken, oder Ihr Körper verliert sofort seine »Zornspannung«. Wir sind einfach nicht dazu gebaut, zwei gegensätzliche Signale gleichzeitig auszusenden. Das wäre ein zu großer Energieverlust.

Aber genau das macht Trumps Ringerl und seine Faust zum Hingucker. Er erreicht nämlich keine der vorgesehenen Wirkungen. Denn sollte er mit seinem Kommunikationsringerl Eleganz und

Präzision meinen, hat er zu viel Spannung. Und sollte er es kräftig meinen, wenn er mit seiner Faust drauflohämmert, verliert sich seine Kraft im aufgeklappten Handgelenk. Diese Diskrepanz ist auch für uns Beobachter ungewöhnlich und deswegen interessant. Dabei scheint keine Absicht dahinterzustehen. Zu sehr widerspricht dieser Knicks seinem Anspruch, machtvoll zu wirken. Die Gründe sind wohl eher im mangelnden Geschick im Umgang mit seiner eigenen Körpersprache zu suchen.

Das kann man sich merken

Wenn Sie also bei einer Präsentation mit Ihrer Hand herumfuchteln, als ob an Ihrem Gelenk statt einer Hand ein toter Fisch hängen würde, wirken Sie weniger eindrucksvoll als ein durchschnittliches YouTube-Sternchen. Und wenn Sie die Dinge auf den Punkt bringen wollen, aber dabei grobe Holzfällerbewegungen machen, wird das nix. Bemühen Sie sich um eine Gestik, die die Bedeutung hinter Ihren Worten unterstreicht. Keine Angst, Sie müssen jetzt nicht das Gebärdenrepertoire eines Zauberers parat haben. Ein, zwei passende Gesten, die Sie in entscheidenden Momenten bewusst einsetzen, können schon einen Unterschied machen.

MaDonna, diiiiiese Ellbogentechnik

Trump ist ja kein Unscheinbarer. Darauf legt er Wert. Auch in seiner Körpersprache. Das wissen wir. Allerdings macht er sich mit dem eben beschriebenen Handgelenksknick erstaunlich klein. Auch seine Ellbogen hält er dabei oft eng am Oberkörper. Das verstärkt die feminine Wirkung noch mal deutlich.

Ellbogen und Territorialverhalten

Üblicherweise halten Frauen beim Gestikulieren ihre Ellbogen enger am Rumpf. Da Frauen körperlich schwächer sind als Männer, haben sie über die Jahrtausende gelernt, körperliche Konfrontationen zu vermeiden.

Und die meisten Konflikte entstehen aufgrund territorialer Streitigkeiten. Damals wie heute. (Der Großteil der Privatklagen bezieht sich auf Dinge wie: »Der Nachbar lässt seinen Strauch über meine Grundstücksgrenze wachsen. Den verklag ich, bis er seine eigene Großmutter verkaufen muss.«) Der Ursprung liegt natürlich im Überlebenstrieb. Wer fremde Menschen mir nichts, dir nichts in sein Territorium ließ, hat ihnen damit auch die vorhandenen Ressourcen, also Nahrung, überlassen. Das sitzt so tief in uns verankert, dass wir heute auf diesem Gebiet völlig irrational handeln. Denken Sie an Ihre Gefühle, wenn der Typ außerhalb des weißen Strichs geparkt hat. Umberto Eco brachte es auf den Punkt: »Quando entra in gioco il possesso delle cose terrene, è difficile che gli uomini ragionino secondo giustizia.« (»Sobald der Besitz von Grund und Boden ins Spiel kommt, wird's schwer, dass die Menschen rational nach dem Gesetz handeln.«)

Das ist also wirklich ein heißes Pflaster. Wenn da was aus den Fugen gerät, kann's gleich mal was aufs Maul geben vom Nachbarn. Das wiederum wäre schlecht für eine Frau, weil der Nachbar wahrscheinlich stärker ist. Somit achten Frauen mehr darauf, mit dem Territorium des anderen respektvoll umzugehen. Ausnahme ist die Scheidung. Da können Sie die Doppelhaushälfte sofort abschreiben.

Aber auch mit dem Territorium der Nachbarin gehen sie umsichtiger um. Die Ursache dafür hängt mit dem Nachbarn zusammen. Indirekt. Wenn nämlich eine Frau doch mal von einem Mann was auf die Mütze bekommt, weiß Frau, dass sie am ehesten Hilfe von anderen Frauen bekommt. Deswegen verscherzt sie es sich nicht mit ihren Geschlechtsgenossinnen.

Nun muss es ja nicht gleich der Grund und Boden sein, und Prügel gibt es heute auch nur selten. Ein Blick ins Firmenmeeting reicht. Die Unterlagen in den Bereich des Nachbarn schieben, sich zurücklehnen und dabei die Arme auf die Lehnen der Nachbarstühle legen. Verantwortlich dafür und für die belegten Armstützen in Kino und Flugzeug sind – meist die Männer. Frauen halten nicht nur ihren Krimskrams enger bei sich (auch wenn das bei manchen Frauen an der Menge scheitert), sondern vor allem ihre Extremitäten. Eben auch die Ellbogen.

Mit seinen eng anliegenden Ellbogen torpediert Trump die gewünschte Wirkung seiner Worte.

Poltern die Worte aggressiv aus seinem Mund, unterstützt das seine Gestik nur unzureichend. Er wirkt weniger kräftig, als er wirken will. Wahrscheinlich sieht er eine Muckibude so selten von innen wie ein Seminar zur gewaltfreien Kommunikation.

> ### Das kann man sich merken
> Wer beim Gehen, Gestikulieren und Händeschütteln etwas Abstand zum Rumpf hält, wirkt damit stärker. Bewusst oder unbewusst. Das kann in Situationen, in denen Entscheidungs*stärke* und Überzeugungs*kraft* gefragt sind, von großem Vorteil sein. Aber Achtung, mit dieser Haltung baut man sich seinen eigenen Zaun und vergrößert den Abstand zu seinem Gegenüber. Das hat eine doppelte Wirkung: Man kommt anderen leichter ins Gehege und wirkt gleichzeitig unnahbarer.
>
> Da ist eine etwas engere Ellbogenhaltung einladender. Auch wenn man damit an kraftvoller Wirkung einbüßt.

Donnas Schnute

Kaum hat Trump eine Ausführung zu Ende gebracht, dreht er den Kopf zur Seite und ein wenig hoch. Gleichzeitig macht er einen Kussmund. Einen Kussmund! Hallo?? Dabei wissen wir doch alle, dass darauf Kim Kardashian ein Copyright hat. Der Kussmund ist ein Signal, das bei Frauen weitaus öfter zu sehen ist als bei Männern. Kerle, die ihren Biertischkollegen einen Kussmund zuwerfen, sind rare Sammlerobjekte. Aufs Gutenmorgen-

bussi bestehen auch eher Frauen als Männer. Sie beschimpfen mich als »Ewiggestrigen«? Als einen »rückwärtsgewandten Klischeereiter«? Wissen Sie was? Sie haben völlig recht. Denn nur wenn wir nach hinten schauen, erkennen wir, warum dieses Klischee sich so oft bewahrheitet.

Vom Füttern zum Küssen

Küssen hat nämlich seinen Ursprung wahrscheinlich im Füttern. Wie eine Vogelmutter ihr Kind von Schnabel zu Schnabel füttert, flößt die Primatenmutter die vorgekaute Nahrung von ihrem Maul direkt in das ihrer Nachkommen. Bei manchen indigenen Völkern machen es Mütter auch heute noch so.

In unseren Breitengraden sieht man das Schnäbeln nicht mehr. Stattdessen nehmen Mamas den Schnuller kurz in den Mund, um ihn zu »säubern«. Sie testen bei jedem Löffel Brei die Temperatur. Auch beim Zehnten. Warum machen Männer das seltener? Ganz einfach: Die Aufbringung der Kinder war und ist weltweit Frauen-domäne – wie überhaupt bei den meisten Säugetieren. Ich fürchte schon Ihre feministische Standpauke. Dabei beschreibe ich nur, was bisher war. Nicht, was sein sollte.

Die Frage ist: Warum macht Donald den Kussmund? Zeigt er hier wieder seine weibliche Seite? Übernimmt er die mütterliche Versorgung mit Nahrung, will er uns etwa füttern? Und wenn ja, womit? Vielleicht ist Donald Trump in diesem Sinn ein äußerst progressiver Vertreter der Emanzipation? Naaa, eher nicht. Eher das Gegenteil ist der Fall.

Die Schnute ist nämlich auch ein prononciertes Verschließen des Mundes. Vor dem Erlernen des Sprechens signalisiert das Baby direkt mit dem Verschließen des Mundes, wenn es keine Nahrung mehr will. Wenn Ihre Kinder sich das erste Mal widersetzen, machen sie das mit einer sehr offensichtlichen Körpersprache. »Iss den Brokkoli!« Antwort Ihres kleinen Rackers: »Nein!« Dabei verschränkt er die Arme, dreht den Kopf zur Seite und presst die Lippen in Donald-Manier spitz aufeinander. Spätestens dann sollten Sie merken, dass Sie kleine Trumps heranzüchten. Übrigens, wir Erwachsenen machen es genauso. Sind wir also nicht bereit, etwas aufzunehmen, verschließen wir die Lippen. Das betrifft reale Nahrung ebenso wie den bloßen Gedanken an etwas Unangenehmes.

Donald Trump offenbart also (diesmal) kein Signal für Weiblichkeit, sondern vielmehr für Ablehnung. Wenn er gesprochen hat, ist für ihn scheinbar alles gesagt. Will jemand etwas erwidern? Zwecklos, der große Manitu hat die Schotten schon dicht gemacht.

Gesichtsdisco

Augen aufreißen und schließen, Augenbrauen hoch und runter, Mund auf und zu, Lippen schürzen, breit grinsen. Donald Trumps Mienenspiel ist von außerordentlicher Vielfalt. In Sachen Mimik können da weder Merkel noch Putin mithalten. Und selbst Macron stinkt gegen ihn ab. Interessanterweise verzieht er sein Gesicht nicht nur beim Reden so deutlich, seine Mimik ist auch bei Fototerminen, beim Warten und Zuhören ordentlich im Einsatz. Warum aber tut er das?

Selbstberuhigung

Ist Ihnen schon mal aufgefallen, dass Sie im Wartezimmer beim Zahnarzt gerne mal Ihre Arme verschränken und Ihre Oberarme streicheln? Dass Sie vielleicht an Ihren Oberschenkeln entlangstreichen? Männer fummeln außerdem gerne in ihrem Gesicht rum. Sie spielen mit dem Bart, reiben an der Nase rum und fahren sich über den Mund. Frauen berühren da eher mit den Fingerspitzen die Drosselgrube, jene kleine Knocheneinkerbung am unteren Ende des Halses. Ja, gar nicht so selten riechen wir sogar an uns. Es muss ja nicht gleich am Schritt oder an den Achseln sein. (Das machen nur Fußballnationaltrainer.) Um unsere eigenen Pheromone wahrzunehmen, reicht die Hand am Mundbereich. Hinter all dem steht ein wichtiges Phänomen. Wenn wir Menschen unsicher sind, suchen wir etwas Vertrautes. Und das Vertrauteste, das wir haben, sind wir eben selbst. Wir versuchen also, mit einem oder mehreren Sinnesorganen uns ganz intensiv wahrzunehmen. Das vermittelt uns Sicherheit.

Und nun versuchen Sie mal, Ihr Gesicht genauso exaltiert zu verziehen wie Donald Trump. Sie werden merken, wie stark Sie sich plötzlich selbst spüren. Es ist so was in der Art, wie sich selbst zu streicheln.

Trump zu beobachten ist sehr spannend. Man kann sogar den Ton ausblenden. Seine Mimik ist so vielfältig und oft nicht einem Wort oder einer Emotion zuzuordnen. Es kann sein, dass er das macht, um sich selbst zu spüren. Wahrscheinlicher ist, dass es einfach zu einer Marotte geworden ist. Wobei er mit dieser Gesichtsdisco beim Zuhören sehr mitfühlend und aufmerksam wirken … könnte. Wenn wir nämlich eine traurige Geschichte hören, passen wir unsere Mimik auch an. Und wenn uns jemand ein freudiges Ereignis erzählt, strahlen und lächeln wir. Somit erkennt der- oder diejenige, dass die Intention der Erzählung verstanden wurde.

Trump aber wechselt seine Mimik fast sekündlich. Augenbrauen hoch, Kinn nach vorne. Mundwinkel weit nach hinten, und im nächsten Augenblick formt er eine Schnute. Das ist zu inkonsistent, als dass er damit die Emotion des Gegenübers spiegeln würde. Viel stärker ist die übergeordnete Wirkung. Durch das schnelle Wechseln wirkt er ungeduldig und unaufmerksam. Das kann für seine Gesprächspartner sehr irritierend sein.

Prolo-Toaster

Donald Trump bräunt sich. Ob er sich in den Toaster legt oder sich besprühen lässt, ist unerheblich. Er macht es auf alle Fälle recht ausgeklügelt, denn rund um die Augen bräunt er sich nicht. Hören Sie auf, ihn auszulachen! Nach dem Skiurlaub sehen Sie genauso aus. Im Grunde ist die Idee nicht so schlecht, denn jeder Maskenbildner wird bestätigen, dass damit die Augen frischer wirken. Zugegeben, Trump macht das Bräunen etwas zu offensichtlich. Aber dafür haben viele, viele Karikaturisten eine große Freude an dieser orangefarbenen Besonderheit.

Aus gesundheitlichen Gründen sollte er davon vielleicht Abstand nehmen. Allerdings wirkt ein gebräunter Teint auch gesünder. Deswegen tut sich die Medizin ja so schwer, klarzumachen, dass zu starkes Bräunen das Hautkrebsrisiko erhöht. Der blasse Teint liegt eben nur bei einer Minderheit so richtig im Trend. Obwohl die bleiche Haut auch von der Modeindustrie Jahr für Jahr als Ideal vorgeführt wird – ohne sich je in der Bevölkerung durchzusetzen. Eine blasse Haut ist eben ein Zeichen von schlechter Durchblutung und auch ein Anzeichen von Krankheit. Schon bei unseren Kindern machen wir den Gesundheitszustand an der Gesichtsfarbe fest. Und dann sollen wir plötzlich im Erwachsenenalter stolz drauf sein, dieses Krankheitssignal im Gesicht zu tragen? So baden wir lieber in der Sonne und setzen uns dem Risiko aus. Da sieht man wiederum, dass alte Signale stärker sind als junge Erkenntnisse. Im Übrigen helfen Frauen auch mit Make-up nach, um ihrer Haut etwas von der Blässe zu nehmen. Nicht nur Frauen. Auch Donald Trump. Auch er will nicht ganz so bleich dastehen und hilft nach.

Nebenbei unterstützt seine Haut auch seine Glaubwürdigkeit. Wenn der Republikaner bei einer Bierzeltveranstaltung so richtig in Fahrt kommt, läuft seine Birne so rot an, dass der Verkehr stehen bleibt. Dieser Vorgang ist nur sehr eingeschränkt steuerbar, und damit zeigt er: Ich spiele die Aufregung nicht. Sie ist echt.

Das kann man sich merken

Statt sich in den ungesunden Toaster zu legen, sollten Sie lieber öfter mal an die frische Luft gehen. Sie haben dafür keine Zeit? Dann kneifen Sie sich in die Wangen oder regen sich wieder mal ordentlich auf. So nutzen Sie das körpereigene Blut, um zu einem frischen Teint zu gelangen.

Für die, die unter ihrer Schamesröte leiden: Ärgern Sie sich nicht, wenn Sie wieder mal zum Hautton »überreife Tomate« wechseln. Ihr Körper ist in diesem Moment auf eine Notsituation eingestellt. Sie können das umgehen, indem Sie die Situation so oft wie möglich »absolvieren«. Ihr Körper gewöhnt sich daran und verfällt nicht mehr in den Notfallmodus. Und doch werden Ihnen immer wieder Situationen begegnen, bei denen Sie rot anlaufen. Das hat auch etwas Positives, denn Sie signalisieren damit, dass Sie emotional involviert sind und Ihnen Ihr Gegenüber nicht gleichgültig ist. Übrigens: Wer beim ersten Date nicht rot anläuft, für den war es kein Date, sondern ein Meeting.

Metallica im Oval Office – Presidential Headbanging

Wenn Redhead Trump vor seinen Leuten spricht, kommt er manchmal so richtig in Fahrt, und seine Rhetorik entfaltet einen enormen Druck. Natürlich sind die Inhalte seiner Worte nicht von schlechten Eltern. Aber erst seine Körpersprache verleiht seinen Reden die volle Wucht. Im Rhythmus der Worte nickt er heftig mit dem Kopf. So, als wolle er uns die Worte mit seinem Kopf einhämmern. Nicht Helene-Fischer-Schunkelstyle. Sondern Metallica. Ganz vorne. Erste Reihe. Dieses heftige Nicken machen wir alle. Aber eigentlich nur, wenn wir richtig, richtig zornig sind. Trump ist es vielleicht auch. Vor allem aber wirkt er so. Erst damit bekommt der Satz »We're gonna build this wall and Mexico is going to pay for it« eine aggressive Note.

Das kann man sich merken

Wer unbedingt will, dass etwas genau so passiert, wie er möchte, tut gut daran, seinen Worten Nachdruck zu verleihen. »Stellen Sie Ihr Auto nicht immer auf meinen Parkplatz!« Das können und sollten Sie erst mal sehr freundlich sagen. Wenn der Nachbar das nach zig weichgespülten Durchgängen immer noch ignoriert, ist ein kleines Headbangen durchaus angebracht. Wahrscheinlich sind deswegen Helene Fischers Parkplätze immer belegt.

Majestätische Wendung

Donald Trump lässt sich ganz in amerikanischer Tradition inszenieren. Bei großen Ansprachen ist ein Teil des Publikums hinter ihm platziert. Die jubeln, schwingen Fähnchen und nicken eifrig. So ganz spontan. Da ist kein Cheerleader vorne, der die Kommandos gibt. Ganz ehrlich! Ihm jedenfalls gefällt der Applaus von allen Seiten. Und deswegen wendet er sich den hinter ihm stehenden Menschen auch mal zu. Aber wie er das macht! Wenn er seinen Kopf dreht, dann gleichzeitig mit seinem Rumpf. Als sei sein Nacken steif. So bewegen Sie sich, wenn Ihnen die Hexe in den Rücken geschossen hat. Über den Grund kann man bei Trump nur spekulieren, solange wir kein orthopädisches Attest haben. Aber die Wirkung ist enorm.

Normalerweise läuft das Zuwenden immer gleich ab: Wenn wir etwas Spannendes wahrnehmen, drehen wir zuerst die Augäpfel, dann den Kopf und danach den Körper. Das ist auch die schnellste Möglichkeit, in die entsprechende Richtung zu blicken. Die Zuwendung des Rumpfes dauert ungleich länger. Wenn drei Säbelzahntiger von links daherhecheln und Trump so behäbig seinen Rumpf mit steifem Nacken dreht, wird das mit der zweiten Amtszeit nix mehr. Weil er aber weiß, dass ihm seine Ergebenen die Gefahren vom Leib halten, kann er sich diese Behäbigkeit leisten. Deswegen wirkt dieses schwerfällige Umdrehen auch so majestätisch. Zum anderen zeigt dieses langsame Zuwenden aber auch, dass die Sache von links nicht sooo spannend ist, als dass es ihm den Kopf rumreißen würde. Was wiederum überheblich und arrogant wirken kann.

Blickkontakt – Donald hält's nicht aus

Wenn Donald es endlich geschafft hat, sich mit seiner majestätischen Art hinzuwenden, kommt die nächste Hürde. Er tut sich schwer, über einen längeren Zeitraum Augenkontakt zu halten. Es ist spannend zu beobachten, wie schnell sein Blick abschweift, wenn er einer Rede zuhört, ja selbst wenn er direkt angesprochen wird. Mit »schnell« meine ich tatsächlich wenige Sekunden, dann wandert sein Blick weiter. Aber warum nur, warum?

Datenverarbeitung

Jetzt muss ich ausholen: Unser Gehirn muss seit Menschengedenken permanent Daten aus der Umwelt sammeln, um zu wissen, ob es im Moment sicher ist oder ob Gefahr droht. Ja, auch ob irgendwo Ressourcen lagern. Die musste man nämlich schnell ergattern. Starbucks und McDonald's-Filialen waren ja damals in der Regel nur in den größeren Höhlensiedlungen vertreten.

Alle anderen mussten nahezu pausenlos nach Nahrung suchen. »Wissen wir!«, sagen Sie. Ich weiß, dass Sie das wissen. Aber Sie haben die Bruchstelle in der Argumentation überlesen. »Unser Gehirn muss Daten sammeln«, habe ich geschrieben. Haben Sie schon mal Gehirne sammeln sehen? Nicht mal zu Ostern suchen die Gehirne die Eier. Das Gehirn selbst sammelt nämlich nicht, es wird mit Daten beliefert. Und die Lieferanten sind unsere fünf Sinnesorgane: Augen, Haut, Ohren, Nase und Geschmackssinn. Wenn unser Gehirn also an Daten interessiert ist, öffnet es die Lieferanteneingänge. Die Augen werden weit aufgerissen, und der Kopf wird so gedreht, dass das Ohr am besten hören kann. Ja, manchmal riechen wir auch an etwas. Das Gegenteil macht das Gehirn, wenn es kein Interesse hat. Es sorgt dafür, dass die Augen bei unangenehmen Anblicken geschlossen werden. Der Körper wird weggedreht oder verschlossen, wenn's unangenehm wird. Wir drehen die Ohren weg oder halten sie uns zu. Die Nase rümpfen wir, wenn wir »die Nase rümpfen«. Damit aktivieren wir noch die Reste jener Muskeln, mit denen wir mal unsere Nüstern verschließen konnten.

The Donald ist da ganz der Durchschnittsmensch. Er zeigt mit seinen Sinnesorganen, ob er an der momentanen Information interessiert ist oder nicht. Vor allem seine Augen signalisieren uns, dass etwas anderes wichtiger ist. Denn wenn ein Mensch im Zwiegespräch bereits nach wenigen Augenblicken den Blick abwendet, Zettel herumschiebt, ein Wasserglas nachfüllt und auf die Uhr schaut, wirkt es, als ob er kein Interesse hätte.

Aber Achtung, liebe Hobbyanalytiker: Wir wissen niemals, ob das wirklich stimmt. Hat er tatsächlich kein Interesse, langweilt es ihn? Ist er anderer Meinung? Ist er überfordert und kapiert es einfach nicht? Oder aber hört er mit den Ohren sehr wohl zu, auch wenn seine Augen woanders sind? Das kann uns die Körpersprache nicht verraten. Aber den Eindruck, den er damit erweckt, können wir sehr wohl beurteilen: Donald is not interested in this bullshit …

Das kann man sich merken

Wenn Sie im Zwiegespräch sind, beobachten Sie die Sinnesorgane Ihres Gegenübers. Sind sie eher zu- oder abgewandt? Beachten Sie vor allem die Tendenz. Seien Sie aber nicht zu pingelig mit Ihrem Gesprächspartner, wenn der bei Ihren Ausführungen mal kurz auf die Uhr schaut, den Blick schweifen lässt oder sich für einen Moment abwendet. Schließlich können Sie auch ein Hörbuch hören und gleichzeitig Nägel lackieren. Erst wenn Ihr Zuhörer das während des Gesprächs immer häufiger macht, halten Sie die Klappe. Er bekommt es ohnehin nicht mehr mit.

Untalentiert! Aber das talentiert

Donald Trump wirkt ungeschliffen, ja fast schon unbeholfen. Er schüttelt Hände so, dass manche ihm dafür eine Psychose andichten. Er verfällt in manchen seiner Reden in so starke Aggression, dass selbst Footballtrainer vor Neid erblassen. Und er drängt Politiker, die ihm das Rampenlicht stehlen, so rüde zur Seite, wie das sonst nur Grundschulkinder machen.

Menschen, die alles aus sich rauslassen, sich nicht bremsen (lassen), haben etwas Kindliches. Denn in unseren ersten Lebensjahren haben wir uns wenig darum geschert, ob wir anecken könnten. Wir haben geweint, wenn uns etwas nicht gepasst hat. Wir haben gebrüllt, wenn wir Aufmerksamkeit wollten, und lauthals gelacht, wenn uns danach war. Nichts von dem haben wir halbherzig gemacht – der gesamte Körper war im emotionalen Einsatz. Innen wie außen.

Im Erwachsenenalter ändert sich das. Wir lernen, uns in die Gruppe zu integrieren, und vermeiden allzu unkontrollierte Emotionsäußerungen. Die Bundeswehr hätte ein Problem, wenn die Soldaten an der Front heulend, kichernd und prustend vor Lachen den Feind erwarteten. Je strenger es im Rudel zugeht, desto mehr vermeiden wir Gefühlsausbrüche. Also salopp gesagt: Wer am Fließband steht, sollte nicht in Tränen ausbrechen, wenn der Schichtleiter gerade vorbeikommt. Wenn einer mit seiner Körpersprache so viel Nonkonformismus zeigt, wie Trump es tut, denken sich viele: »Ha, der lässt sich von ›denen da oben‹ nichts vorschreiben. Der wird mit dem Establishment aufräumen!«

Allerdings erreicht er nur jene Zielgruppe, die auf diese Unge-hemmtheit steht. Und genau das fällt ihm auf den Kopf. Bei Polit-gipfeln, Treffen mit Diplomaten oder beim Papstbesuch wäre eine zurückgenommenere Körpersprache adäquater (vgl. Christine Lagarde). Ein Ferienjob am Fließband würde da vielleicht helfen.

Gefühllos, vor allem sich selbst gegenüber

Wollen wir nicht alles schlechtreden. Denn mit seiner »Lautheit« in Mimik und Gestik spricht er vielen aus der Seele. Und Trumps Ausgelassenheit wirkt nicht aufgesetzt. Sie wirkt authentisch. Warum? Weil er wahrscheinlich gar nicht anders kann. Das zeigt sich besonders dann, wenn er nicht alleine im Rampenlicht steht, sondern sich auf andere Menschen einstellen … müsste.

10. Februar 2017. Shinzo Abe ist zu Gast beim frisch gewählten US-Präsidenten Donald Trump. Wie üblich, gibt es einen kurzen Presseauftritt. Beide sitzen nebeneinander auf eleganten Sesseln. Ihre Körper sind zu den anwesenden Fotografen ausgerichtet. Dass es eine beeindruckende Menge sein muss, erahnt man an den unzähligen Klickgeräuschen. Auch Donald Trump ist beeindruckt. Er dreht seinen Kopf leicht von der einen zur anderen Seite. Offensichtlich will er sich für jede Kameralinse optimal präsentieren. Deswegen zieht er sein Sakko stramm. Er lächelt versonnen, ja fast verträumt vor sich hin. Zuerst nur mit dem linken Mundwinkel, dann mit beiden. Er genießt die Sonne der Aufmerksamkeit dermaßen, dass er zu vergessen scheint, warum das Ganze überhaupt stattfindet. Erst als sich Shinzo Abe ihm mit den Worten »Shall we shake hands?« zuwendet, geht ihm ein Licht auf. Lächelnd blickt er dem Japaner in die Augen, rutscht auf dem Sessel näher zu ihm hin und packt energisch seine Hand. Dabei schüttelt er. Und schüttelt. Und schüttelt. Und schüttelt. Es reicht ihm nicht. Er nimmt seine zweite Hand und tätschelt damit Abes Hand von oben. Und schüttelt weiter. Dieser zieht in dem Moment seine Hand schon deutlich von Trump weg, er will sich offensichtlich lösen. Trump merkt das nicht. Er reagiert auf den Rückzug Abes mit noch mehr Zug. Abe wackelt nun sichtlich auf seinem Sessel. Plötzlich, ohne Vorwarnung, reißt Trump Shinzo Abes Hand deutlich zu sich. Der japanische Premier muss sich zu diesem Zeitpunkt schon weit über seine Armlehne zu Trump hinüberbeugen, um der Zugbewegung überhaupt folgen zu können. Trump tätschelt wieder mit seiner linken auf Abes rechte Hand und grinst ihn dabei mit weit nach hinten geöffneten Mundwinkeln an. Das Lächeln und der Augenkontakt gilt dabei weniger Abe, er will da wohl eher für die Kameras alles richtig machen. Abes Anspannung ist deutlich in seinem Gesicht

zu erkennen. Aber Trump nimmt sie nicht wahr. Er nimmt ihn gar nicht wahr. Sonst hätte er Abe wohl auf der Stelle aus seiner Umklammerung entlassen. Als Trump die Hand endlich loslässt, zieht sein Gegenüber nicht nur seine Hand zurück. Er dreht seinen gesamten Körper weg, stemmt sich mit beiden Armen aus dem Sessel und blickt sich mit verzerrtem Gesicht Hilfe suchend nach einem Vertrauten um. Dabei holt er mit aufgerissenem Mund tief Luft.

Wer diese Bilder gesehen hat, sollte wissen, Trump macht das wohl nicht mit Absicht. Er nimmt das Geschehen rund um sich nur auf einer vorbewussten Ebene wahr. Die Aufmerksamkeit der Fotografen fühlt sich für ihn sichtbar gut an. Darüber versäumt er das Zeremoniell. Als Abe ihn darauf aufmerksam macht, vergisst er total sein sonst so starkes Alphabedürfnis und ordnet sich Abe sehr folgsam unter. Er merkt auch nicht, dass Abe seine Hand schon lange wegziehen will, und nimmt auch dessen Fluchtbewegungen direkt im Anschluss an das Händeschütteln nicht wahr. *Nichts* davon nimmt er wahr!

Dabei ist dieser Trump'sche Händeschüttler kein Einzelfall. Der kenianische Präsident Uhuru Kenyatta, US-Außenminister Mike Pompeo, Neil Gorsuch – die Liste seiner bemerkenswerten

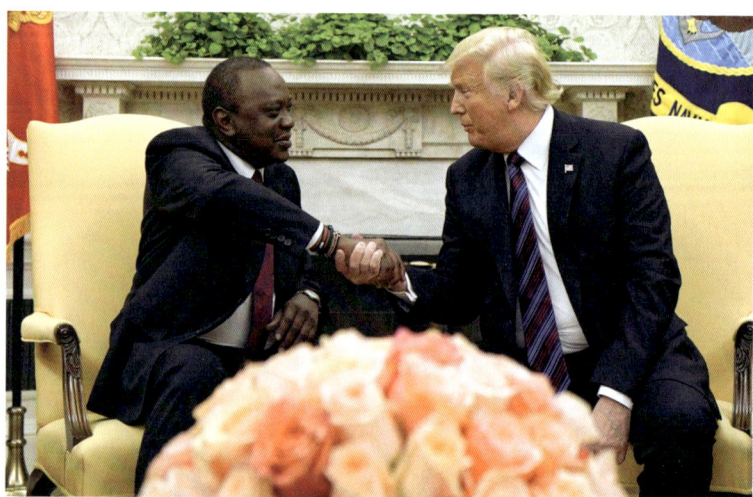

Händeschüttler lässt sich lange fortsetzen. Natürlich ist das keine Handshake-Pathologie, sondern betrifft seine Körpersprache grundsätzlich.

Meinen wir wirklich, er liest die Verrisse darüber nicht? Glauben wir im Ernst, seine Berater und Coaches würden nicht versuchen, ihm etwas mehr Zurückhaltung und Eleganz für dieses Händeschütteln und seine Körpersprache insgesamt zu vermitteln? Doch selbst wenn Kommunikationsprofis es versuchten, es wäre wohl vergebene Liebesmüh. Trump nimmt die Signale seines Gegenübers genauso wenig wahr wie sich selbst. Salopp gesagt: Der Mann merkt nix! Nicht weil er nicht will, sondern weil er nicht kann. Er merkt nicht, dass er unangepasst heftig schüttelt – und er merkt nicht, dass der Geschüttelte am Rande des Nervenzusammenbruchs steht. Oder anders formuliert: The Donald ist wie der freundliche Pitbull, der auf Sie zurennt und nicht kapiert, dass Sie vor Panik schon die Hosen vollhaben. Der tut nix, der will nur spielen …

Selbstwahrnehmung

Um unsere Körpersprache bewusst zu gestalten, müssen wir erst mal wahrnehmen, was wir mit unserem Körper überhaupt machen. *Propriozeption* – also Selbstwahrnehmung – ist die Grundvoraussetzung. Und die ist nicht jedem Menschen im gleichen Ausmaß gegeben. Es gibt Menschen, die Bewegungen bis in kleinste Details bewusst gestalten können. Sie wissen, was sie tun müssen, um absichtlich traurig zu schauen. Gute Schauspieler können sogar Nuancen zwischen traurig, sehr traurig und »Ich spiele nur traurig – bin es aber gar nicht« so deutlich zeigen, dass wir an der Mimik die Intention genau ablesen können. Zum Zentrum ihrer Arbeit machen das Pantomime. Sie lassen Worte ganz weg und erzählen uns Geschichten ausschließlich mit bewusst gestalteter Mimik, Gestik und Körperhaltung. Auch Tänzer beeindrucken uns damit. Michael Jackson hat seine Hüften, Beine, Arme und seinen Kopf scheinbar unabhängig voneinander bewegt.

Dabei ist es niemals »Unabhängigkeit« der Bewegungen, sondern es ist »Koordination«. Denn unabhängig können wir gar nix bewegen. Wir können nur lernen, eine Bewegung, zum Beispiel der linken Hand, mit einer ganz anderen Bewegung der rechten zu koordinieren. Genauso wie das Musiker machen. Ein Pianist, Gitarrist oder Schlagzeuger erzeugt die Musik mit sehr koordinierten Bewegungen seines Körpers. Dazu braucht er ein hohes Maß an Kontrolle über die einzelnen Bewegungen. Und für diese Kontrolle müssen wir wahrnehmen, was die einzelnen Körperteile machen. Wahrnehmung der eigenen Bewegungen ist somit die Grundlage, um sie kontrollieren und in der Folge mit anderen Bewegungen koordinieren zu können. Mit Übung kann sich in diesem Bereich jeder Mensch verbessern. Allerdings schafft es nicht jeder zur eleganten Meisterschaft eines Lang Lang oder Michael Jackson.

Auch Trump könnte sich hier verbessern. Allerdings bringt ihm das keine Kohle. Und damit ist das #justforlosers.

Für eine bestimmte Handwerkszunft sind Menschen mit geringer Selbstwahrnehmungsfähigkeit übrigens eine beliebte Zielgruppe: für Taschendiebe. Die halten Ausschau nach Menschen, die nicht spüren, dass ihre Geldbörse nur halb in der Gesäßtasche steckt, die mit drei Einkaufsbeuteln überfordert sind und nicht mitkriegen, wenn sie mit ihrem Gepäck ständig andere Menschen anrempeln. Die merken nämlich deutlich weniger, wenn sie an einer Körperstelle ganz sanft berührt werden. Zum Beispiel an der Gesäßtasche.

So, Moment – bin gleich wieder bei Ihnen. Ich muss nur gerade schnell meinen Espresso bezah… ach Gott, wo ist …?

Trump wäre auch so ein Opfer für Taschendiebe. Denn seine Propriozeption, also die Wahrnehmung für seinen eigenen Körper, ist eher schwach ausgeprägt. Was bei ihm im Inneren passiert, kommt darum einigermaßen ungefiltert an die Oberfläche und zeichnet sich an seiner Mimik, Gestik und Körperhaltung ab. Da ist nichts Überspieltes, wenig Kontrolliertes. Und wenn er etwas zu überspielen versucht, dann wirkt er wie ein Kind, das seine ersten Versuche als Stenz macht. Er zieht vor Kameras sein Sakko so aufgesetzt stramm wie ein schlechter Schauspieler in einem B-Movie. Er wischt Fussel mit so viel Ungeschick vom Revers eines Amtskollegen, dass man den Eindruck bekommt, als würde er das zum ersten Mal machen. Vielleicht erscheint er damit manchmal linkisch, grob und unangepasst. Aber er wirkt damit echt.

Eine Umfrage der *Washington Post* und des News-Senders ABC wenige Wochen vor der US-Wahl 2016 hat ergeben, dass Trump von den Amerikanern als glaubwürdiger eingeschätzt wurde als Hillary Clinton. Ähnliches hat eine Umfrage unter deutschen Studierenden ergeben. Nun wissen wir, dass Donald

Trump oft gelogen hat. Diese Aussage ist durch zahlreiche Fakten belegt. Natürlich hat Hillary Clinton auch ihre Geheimnisse, und wahrscheinlich hat auch sie nicht immer die Wahrheit gesagt. Und doch wurde er als glaubwürdiger eingeschätzt. Sie werden sagen: »Hohooo, die Studienleiter hätten mich mal fragen sollen! Denen hätte ich genau das Gegenteil geantwortet!« Glaube ich Ihnen, weil Sie Glaubwürdigkeit mit Sympathie verwechseln.

Trump bewahrt sich etwas Kindliches

Kindlich? Der Mann ist über 70! Trotzdem hat er sich etwas bewahrt, was ihm letztlich Wählerstimmen gebracht hat.

Selbstkontrolle

Kinder haben für uns die höchste Glaubwürdigkeit. Das liegt an der noch schwach ausgebildeten Fähigkeit zur Selbstwahrnehmung. Sie kommen auf die Welt und kennen sich selbst noch nicht – schauen in den Spiegel und freuen sich über das andere Kind, das sie da sehen. Mindestens ein Jahr, meist länger, dauert es, bis das Kind sich selbst erkennt. Dann kann es nach und nach die eigenen Bewegungen wahrnehmen und in der Folge immer mehr Kontrolle über die eigene Körpersprache erlangen. Das ist also eine ordentliche Gehirnleistung, für deren Entwicklung wir die ersten Lebensjahre brauchen. Die allermeisten Tiere sind dazu nicht in der Lage. Höher entwickelte Lebewesen wie Primaten, aber auch manche Vögel zeigen nur Ansätze sowohl von bewusster Wahrnehmung des Ichs als auch der eigenen Bewegungen. Dazu braucht es aller Wahrscheinlichkeit nach mehrere Gehirnregionen. Ich sage »aller Wahrscheinlichkeit nach«, denn das ist schwer zu erforschen. Man müsste Kleinkinder regelmäßig in den Gehirnscanner legen und mit ihnen währenddessen Experimente machen. Haben Sie schon mal versucht, Ihren Zweijährigen länger als drei Minuten beim Essen ruhig zu halten? Also kommen Sie mir nicht mit Stillhalten für 15 Minuten im Computertomografen. Fest steht allerdings, dass einige Gehirnregionen bei Kleinkindern noch nicht voll entwickelt sind. Unter anderem jene, die wir für die Handlungswahrnehmung und Handlungskontrolle benötigen. Neben dem cingulären Cortex, dem fusiformen Gyrus, dürfte vor allem der präfrontale Cortex entscheidend sein. (Das brauchen Sie jetzt nicht auswendig lernen, habe ich nur angeführt, falls Sie am Stammtisch auf die Kacke hauen wollen.) Das sind die vorderen Stirnlappen, also der Mittelscheitel unter der Schädeldecke. Der ist stark an der Selbstkontrolle beteiligt. Auf deutschen Autobahnen schaltet der bei den meisten automatisch ab.

Wenn Sie sich vor Ihrem Vortrag schon mal gedacht haben: »Ich muss unbedingt versuchen, Fehler zu vermeiden, ich darf nur ja nicht peinlich rüberkommen«, dann hat das unter anderem dieser Gehirnteil entschieden. Hunde, Kinder und Trump scheren sich darum sehr wenig.

Nicht dass ich Trump unterstellen würde, sein Gehirn wäre noch nicht voll entwickelt. Aber diese geringe Wahrnehmung und Kontrolle seiner Gesten und Mimik wirken sehr direkt und unmittelbar. Damit wirkt er glaubwürdig. Und das verleiht ihm etwas Kindliches.

Das kann man sich merken

Keine Angst, Sie brauchen jetzt nicht bei jedem Bewerbungsgespräch heulen und bei guten Quartalszahlen den Kollegen feiernd in die Arme fallen. Aber manchmal etwas lockerer um die Hüfte wäre schon ganz okay. Wir nehmen uns nämlich manchmal zu wichtig. Da stehen wir am Morgen unseres Vortrags vor dem Spiegel und feilen an jedem Wort, üben dabei unsere Mimik und Gestik. Um nur ja perfekt zu wirken, zupfen wir jedes Härchen zurecht, ziehen das beste Kostüm an, schnallen die Louboutins an die Hacken und merken dabei gar nicht, dass wir völlig überzogen ins Meeting gehen.

Ein kleiner Tipp: Stellen Sie sich vor, Sie stünden vor Ihren Freunden und Freundinnen am Kneipentisch. Wenn Sie genau so agieren, dass die Ihnen begeistert zuhören, haben Sie alles richtig gemacht. Kommen Sie nämlich am Kneipenabend aufgedonnert im Kostüm, in hohen Hacken und mit gestelzter Körpersprache daher, fragen die sofort: »Was hast du denn heute eingeworfen?«

Trumps Jungbrunnen – Melania, die »perfekte« Frau an seiner Seite?

Wie bei allen Staatsmännern und -frauen spielen natürlich die Partner in der öffentlichen Wahrnehmung eine Rolle. Würde Donald Trump anders wirken, wenn er eine 70-jährige Gattin mit braun-beige kariertem Faltenrock und bequemen Schuhen an seiner Seite hätte? Vermutlich schon.

Der 72-Jährige umgibt sich bekanntlich gerne mit jungen schönen Frauen, das ist kein Verbrechen. Aber in jedem Fall ein Signal.

Männer heiraten meist jüngere Frauen. Donald Trump entspricht hier eher dem Klischee, während Macron auf dem Gebiet ein Aus-der-Reihe-Tänzer ist, wie wir noch sehen werden. Dazu braucht es immer zwei. Den älteren Mann und die jüngere Frau, die den älteren Mann heiratet. Neben der biologischen Möglichkeit des Mannes ist es natürlich auch ein Signal nach außen: »Seht her, ich bin noch manneskräftig genug, um auch für noch gebärfähige Frauen ein attraktiver Partner zu sein.« Allerdings sollten Paare mit großem Altersunterschied wissen, dass wir das Alter auch immer in Relation einschätzen. Das heißt, neben einem besonders jungen Menschen wirkt Trump älter als neben einem gleichaltrigen.

Erkenntnis

Authentizität und Aufmerksamkeit – Trump hat es

Unsympathische Politiker? Kennen Sie? Vom Wegsehen. Bei Trump wird das nicht gelingen. Er ist ein körpersprachlicher Magnet. Denn ganz gleich, was er macht, er macht es offensichtlich. Selbst wenn er etwas verbergen wollte, er könnte es gar nicht. Dazu fehlt es ihm an Selbstwahrnehmung. Genau das ist es aber, was ihm Authentizität verleiht.

Einfältig oder Vielfältig? Diese Frage haben wir uns einleitend gestellt. Donald Trump ist enorm vielfältig in seinen Bewegungen. Und doch erringt die Einfalt einen Teilsieg, da sich nahezu alles im groben und intensiven Bereich abspielt. Wirkliche körpersprachliche Wirkung erzielt man nämlich nicht nur mit vielen verschiedenen Gesten, sondern auch mit unterschiedlichen Intensitätsstufen. Bis hin zum Feinen und Zurückhaltenden. Das geht bei Donald Trump eher in Richtung #completedesaster.

Angela Merkel

Die Unscheinbare, scheinbar

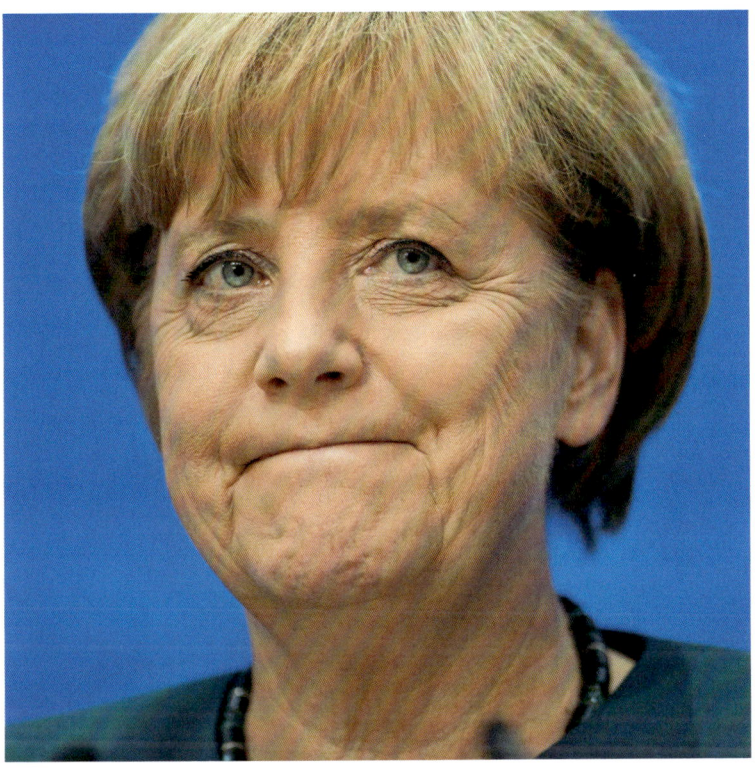

Sie ist in einer Gegend aufgewachsen, wo sich sogar der Fuchs hütet, der letzten Henne zu Leibe zu rücken. In der brandenburgischen Uckermark sprießen normalerweise keine Weltpolitiker aus dem sandigen Boden. Auch der Titel ihrer Doktorarbeit »Untersuchung des Mechanismus von Zerfallsreaktionen mit einfachem Bindungsbruch und Berechnung ihrer Geschwindigkeitskonstanten auf der Grundlage quantenchemischer und statistischer Methoden« hat sie nicht auf die Titelseite des *Time Magazine* gebracht. Und die politischen Beziehungen ihrer Pfarrersfamilie haben wohl maximal bis zum Ortsverschönerungsverein gereicht.

Aber was war es dann? Ausstrahlung, Anziehungskraft oder ihre Attraktivität? Glauben Sie wirklich, ich sehe nicht, wie Sie schmunzeln? Tssss! Schon gut, Sie haben ja recht – und irgendwie auch wieder nicht. Denn das, was sie in ihrer Körpersprache zeigt, ist alles, nur nicht vordergründig.

Der erste Eindruck – nicht Angelas Ding

Angela Merkel, die kleine Frau aus dem Osten, konnte also zu Beginn ihrer Karriere nicht auf weltstädtische Establishment-Netzwerke zurückgreifen. Ihr Werdegang ist wohl nicht das, was man als vorgezeichnete Kanzlerkarriere bezeichnen würde. Jetzt könnte man meinen, dass sie mit ihrer Ausstrahlung, ihrem beeindruckenden Auftritt die Massen begeistert hätte. Fehlanzeige. Mit Ritter-Eisenherz-Frisur auf 1,65 m ist sie in den meisten Menschengruppen erst mal übersehen worden.

Sie sagen jetzt: »Ist mir doch egal, wie ein Politiker aussieht. Nur die richtigen Inhalte muss er vertreten.« Ja, für Sie gilt das schon. Sie sind klug, reflektiert und denken lange nach, bevor Sie eine Entscheidung treffen. Aber evolutionär existieren Sie gar nicht. Sie existieren deswegen nicht, weil Sie für eine blitzschnelle Entscheidung im Neandertal zu lange überlegt hätten. Bis Sie das Parteiprogramm des Säbelzahntigers durchgelesen hätten, wären Sie schon in dessen Dünndarm verschwunden. Und damit wären Sie heute nicht mehr existent. (Das war jetzt angewandter Nihilismus – zack – und weg sind Sie.) Angela Merkel hatte da also im ersten Moment tatsächlich einen Nachteil. Dass der – auch körperlich – mächtige Helmut Kohl sie auch noch als »mein Mädchen« (da war sie schon Ministerin) bezeichnet hatte, vervollständigte das Bild.

Neben Kohl war da noch Gerhard Schröder. Ein Mann von kräftiger Statur, der laute, polternde Auftritte liebte. Was glauben Sie, wen hätten Sie wohl als Erstes wahrgenommen? Kohl und Schröder oder die kleine Angela dazwischen? Auf den ersten Blick wirkt ein großer, kräftiger Mensch eben mehr wie ein Al-

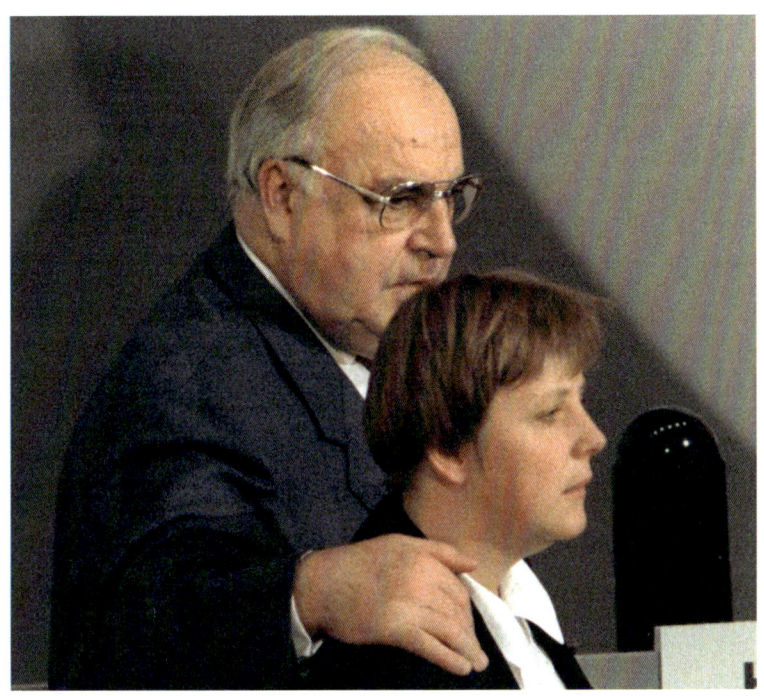

phatier als ein kleinerer. Auf der Suche nach einem solchen wenden wir uns also zuerst einmal dem vermeintlich Stärkeren zu.

Umgekehrt könnte man natürlich sagen: Ein polternder Mensch, der noch dazu Amtsinhaber ist, muss schon einiges falsch machen, um gegen einen unauffälligen, zurückhaltenderen Menschen die Alphaposition zu verlieren. Das hat Angela Merkel eindeutig geschafft. Sie hat nicht nur Gerhard Schröder die Macht entrissen. Sondern im Laufe der Zeit so einige Alphamännchen still und leise aufs Abstellgleis geschoben. Ganz ohne großes Getöse, Gemetzel und Blutvergießen. Über weite Strecken hatte sie Zustimmungsraten, die alle anderen Mitbewerber blass aussehen ließen.

Sie zeigt, dass der erste Eindruck zwar wichtig ist, man sich aber nie zu sehr darauf verlassen sollte. Entscheidend ist auch, wie sich ein Politiker tagtäglich in der Öffentlichkeit präsentiert. Wobei … Moment. Auch da ist die Pfarrerstochter eher – sagen wir mal – unkonventionell.

Keine Mimik? K(l)eine Mimik

Exponierte Persönlichkeiten wie Frau Merkel stehen unter Dauerbeobachtung. Jedes Wort, aber auch jede Geste, jede mimische Entgleisung wird sofort unter die Lupe genommen. Nun könnte man sagen: Bei der Angela gibt's unter der Lupe nicht viel zu sehen. Aber das stimmt nicht so ganz. Ihre Mimik und Gestik sind zwar insgesamt gering ausgeprägt, oft wird sogar gesagt, Frau Merkel würde sich gar nicht bewegen. Politisch will ich das hier nicht beurteilen, aber körpersprachlich macht sie das sehr wohl. Sie zeigt eine erstaunlich große Vielfalt an Ausdrücken. Nur eben sehr reduziert. Ihr Lachen ist meist zurückhaltend, Verärgerung sieht man nur im Ansatz an den Stirnfalten, und Verblüffung ist fast nur als Erstarren ihrer Körpersprache zu erkennen. Aber es ist alles da. Man tut ihr also unrecht, wenn man ihr körpersprachliche Unbewegtheit vorwirft. Allerdings ist sie selbst Ursache für dieses Unrecht. Denn für die meisten Menschen ist ihre Ausdrucksvielfalt zu wenig klar ersichtlich. Und je undeutlicher wir einen Ausdruck erkennen, desto weniger existiert er für uns. Und genau das prägt ihr Image.

Überleben: Mimik und Evolution

Eigentlich ist unbewegte Mimik eher eine Männerangelegenheit. Frauen tendieren bei der Partnerwahl auch eher zu Männern, die weniger Mimik zeigen. »Moooooment«, höre ich Sie sagen, Gnädigste. »Ich will einen Mann, der seine Gefühle zeigt, der nicht unbewegt bleibt wie ein Stein.« Da will ich gar nicht widersprechen, allerdings werden Sie im Zweifelsfall doch eher einen Rückzieher machen, wenn er hysterisch, weinend, himmelhochjauchzend die emotionale Achterbahn hinlegt. Warum? Weil Ihnen das evolutionär ziemlich in die Parade gefahren wäre.

Denn die längste Zeit der Menschheit war das Leben gefährlich. Genau genommen war es eine einzige Aneinanderreihung von Notsituationen. Unwetter, Kälte, Hitze, Feinde, Hunger, Verletzungen. In solchen Situationen, besonders wenn wir am Limit oder sogar in Panik sind, halten wir nach jemandem Ausschau, der noch

cool und entspannt ist. Als Erstes erkennen wir das an der Körpersprache, besonders an der Mimik. Wer trotz Feuer auf dem Dach den coolen James-Bond-Blick hat, der scheint noch ruhig und besonnen agieren zu können.

Die meisten Gefahren konnten und mussten seit Urzeiten mit körperlicher Kraft gelöst werden. Daher war das Thema Sicherheit eher eine Männerdomäne. Und so haben Frauen meist nach Männern Ausschau gehalten, die für sie und die gemeinsamen Nachkommen Sicherheit versprachen. Dementsprechend war Stabilität im mimischen Ausdruck bei der Wahl zum Fortpflanzungspartner ein Vorteil. Daran haben sich die Weiblein so konsequent gehalten, dass Männlein mit stark ausgeprägter Mimik weniger Fortpflanzungspartnerinnen gefunden haben. Folglich hat sich ihre Eigenschaft der ausgeprägten Mimik weniger erfolgreich weitervererbt. Und so hat sich ganz allmählich die Mimik aller Männer auf dem Planeten reduziert. Diese Minderung beginnt besonders eindrücklich mit der Pubertät. Jeder, der ein männliches »Pubertier« großgezogen hat, kennt das. Mit großer Euphorie, überschäumender Begeisterung und Vorfreude erzählen Sie Ihrem Sohn, was Sie am Wochenende mit der Familie geplant haben. Ihre Augen sind weit aufgerissen, die Arme fuchteln herum, und Ihre Stimme jubiliert und buhlt um Sohnemanns Zustimmung. Wenn Sie Ihre Hormone für einen kurzen Augenblick im Griff haben, erblicken Sie seine Mimik, und Ihre Assoziationen changieren zwischen Botoxfabrik und Begräbnisbesucher. Unbewegte Gesichtszüge, Mundwinkel nach unten, die Augenlider auf halbem Weg hängen geblieben und der Ausdruck so eintönig wie ein Minimal-Music-Werk von Steve Reich. Drei Bewegungen in zehn Minuten. Aber Achtung: Bilden Sie sich nichts ein auf diese mimische »Einzigartigkeit« Ihres Sohnes. Damit ist er nicht alleine. Weltweit schauen die meisten Jungs in der Pubertät so aus.

Klar, deswegen hat man bei Männern oft das Gefühl: »Ich weiß nicht, woran ich bei ihm bin«. Oder: »Ich weiß nicht, ob er sich über das Geschenk gefreut hat«. Aber bei einem heftigen Unwetter oder beim Besuch eines Säbelzahntigers ist es ein gutes Gefühl, jemanden bei sich zu haben, der mit seiner Unbewegtheit Sicherheit und Stabilität vermittelt.

Liebe Alice Schwarzers, bevor Sie nun vor Zorn kochen und dem Autor ewige Stereotypie vorwerfen, halten Sie einen Moment inne: Stellen Sie sich vor, Sie kommen am Abend nach Hause, gehen in Ihr Schlafzimmer und sehen auf Ihrem Kissen eine handtellergroße, fette, haarige Spinne. Möglicherweise werden Sie einen panischen Schrei loslassen, zurückspringen und mit weit aufgerissenen Augen Ihren Mann herbeiholen. Der soll gefälligst die Spinne nehmen und zum Haus hinausbegleiten. Und zwar ohne mit der Wimper zu zucken. Glauben Sie mir, wenn der in Ihr Schlafzimmer käme und beim An-blick der Spinne ebenso hysterisch werden würde, würden Sie sich denken: »Mmmmh, wird Zeit, dass ich dieses Modell austausche.«

Ja, es mag paradox klingen, wo heute doch allerorten zu lesen ist: »Männer sollten doch endlich ihre Gefühle zeigen.« Mit Verlaub, das ist nur lustig, wenn die größte Gefahr darin besteht, dass der Handyakku bis zum Abend nicht durchhält. In echten Notsituatio-nen suchen wir nach wie vor Stabilität in der Körpersprache.

Nicht dass ich hier in den Tenor des »Frauen können nicht wie Männer führen« einstimme. Das wäre nämlich nicht richtig. Al-phafrauen müssen aber, genauso wie Männer, jene Emotionen bei uns auslösen, die wir von unseren Gruppenobersten erwar-ten. Stabilität gehört dazu. Also weniger Anzeichen von Schwan-kungen in der Emotionalität. In Merkels Naturell zeichnet sich das klar ab. Dabei hatte sie schon mehrfach gute Gründe, zornig, hysterisch oder beleidigt zu sein. Zum Beispiel, als Putin seinen Labrador Koni an ihr rumschnüffeln ließ, wohl wissend, dass sie anscheinend Angst vor Hunden hat. Wenn sie auf der großen Bühne von »Partei-Freunden« vorgeführt wird oder der ame-rikanische Präsident ihr ziemlich direkt zu verstehen gibt, dass ihre Politik »a complete disaster« (©Trump zu Merkels Flücht-lingspolitik) sei, dann wären die Emotionen bei vielen anderen Menschen am Gesicht klar ablesbar. An Merkel scheint das al-les abzuperlen. Es scheint sie nicht zu berühren. Nun kann man dieser Eigenschaft viel Negatives nachsagen, aber einen großen Vorteil hat es: Es vermittelt Stabilität. Auch wenn wir uns stell-vertretend für sie über so viel Unverfrorenheit aufregen und es unseren Blutdruck um 20 mmHg nach oben treibt – sie bleibt cool und gelassen. In ihrer Mimik ist keinerlei Regung erkennbar. Dieses wichtige Kriterium wollen wir bei Alphatieren sehen. Und es wiegt schwerer als das Geschlecht!

Das kann man sich merken

Der Vorstand bejubelt die tolle Mannschaft, ohne dabei zu erwähnen, dass Sie eine tragende Rolle gespielt haben? Jetzt kommt es darauf an, wie Ihre Körpersprache reagiert. Wer in diesen Situationen gerne exaltiert dazwischengeht, seinen Mund weit aufreißt, die Hände in die Luft wirft und sich vor versammelter Menge über die Ungerechtigkeit echauffiert, ist ein leidenschaftlicher, emotionaler und feuriger Mensch. Aber kein Alphatier. Das große Ganze im Blick zu haben und nicht bei jeder Bemerkung, die einem gegen den Strich geht, in Hormonwallungen zu verfallen vermittelt viel Ausgeglichenheit und damit Stabilität. Das heißt nicht, dass man sich alles gefallen lassen muss. Aber echte Alphatiere engagieren sich erst, wenn das große Gesamtbild in Gefahr gerät. Nur eines muss klar sein: Wer sich kühl gibt, wenn sich rundherum alle aufregen, vermittelt zwar Alphaqualitäten, aber auch Distanziertheit.

Der Merkel-Smile oder »Das Nichts«

Ja, ihre Mundwinkel. Dafür muss sie viel Spott ertragen. Ihre stark entwickelten Nasolabialfalten und auch die sich scharf abzeichnenden Falten entlang ihrer Mundwinkel sind ein gefundenes Fressen für Karikaturisten. Einiges davon dürfte endogen sein, sprich in ihren Erbanlagen vorbestimmt. Aber eben nur zum Teil. Denn der Mensch ist das Lebewesen, das von allen den größten Einfluss auf sein Äußeres hat. Und damit sind nicht nur Make-up, Kleidung und Frisur gemeint. Es betrifft auch die

fest mit uns verwachsene Mimik, unsere Physiognomie. Ewig schlecht gelaunte Menschen müssen gar nicht mehr viel sagen. Ein Blick in ihr Gesicht reicht. Und einer Little Miss Sunshine steht die Fröhlichkeit ebenfalls ins Antlitz geschrieben.

Verhaltenskontrolle

Wir Menschen verfügen über einen Gehirnteil, den kein anderes Lebewesen in dieser Ausprägung hat. Den Neocortex. Er wird deswegen oft als das »menschliche Gehirn« bezeichnet. Mit ihm können wir erstaunliche Dinge machen. Denken zum Beispiel. Ja, Sie staunen! Das ist noch nicht zu jedermann und auch -frau durchgedrungen. Aber mit dieser Nichtigkeit wollen wir uns hier nicht aufhalten. Uns geht es vielmehr um Verhaltenskontrolle. Mit diesem Gehirnteil können wir einiges an unserem Tun und Handeln bewusst steuern. Das war in der Menschwerdung sehr wichtig. Denn wenn unsere Instinkte oder absolute Reflexe, wie sie korrekterweise heißen, ständig handeln würden, bevor wir sie bewusst steuern, hätten wir uns nur schwer hochevolutionieren können. Wir wären Opfer unüberlegter Handlungen geworden. Wenn der Paketmann den »Ich habe geläutet, aber es war niemand zu Hause«-Zettel in Ihren Postkasten geworfen hat, obwohl Sie zu Hause waren, würden Sie ihn ja schon gern mal an die Wand klatschen. Sie tun es aber nicht, auch wenn Sie ihm später begegnen, weil Sie Ihr Verhalten kontrollieren können. Wenn Sie und alle anderen Paketempfänger ausschließlich instinktiv gesteuert wären, gäbe es 500.000 zerklatschte Zusteller und damit kein Paketdienste mehr. Ihre Verhaltenskontrolle tut also mehr für das Bruttosozialprodukt als der Finanzminister. (Was das nun mit Merkels Mundwinkeln zu tun hat? Seien Sie nicht so ungeduldig. Wollen Sie nur schnell bei Trivial Pursuit eine Ecke gewinnen oder alles von Grund auf verstehen?)

Mit dieser Kontrolle hatten wir also gelernt, vorausschauende Lösungen und Strategien abzuwägen, bevor wir gehandelt haben – damit konnten wir uns gegen eigentlich viel stärkere Tiere durchsetzen. Wichtige Erkenntnis für die Körpersprache: Die Entwicklung des menschlichen Gehirns, des Neocortex, hat als Nebeneffekt fast alle Instinkte beim Menschen unterdrückt. Wir haben im Vergleich zu vielen Tieren nur noch sehr wenige davon.

Wir können unser Verhalten also steuern, zumindest Teile davon. Auch unsere Mimik. Tiere können das nicht. Und so prägt sich unser bevorzugtes Verhalten über die Zeit in unser Gesicht ein. Menschen, die viel lachen, deren Mundwinkel tendenziell nach oben gehen und die ihre Augen dabei oft zu Schlitzen zusammenkneifen, trainieren bestimmte Muskeln und entwickeln in der Folge entsprechende Falten – sie formen damit ihr Äußeres. Ihre Lachmimik prägt sich in ihr Gesicht ein. Ab einem gewissen Alter sieht man ihnen die Fröhlichkeit auch dann an, wenn sie nicht lachen. Menschen, die wenig lächeln und lachen, entwickeln diese Lachfalten weniger. Dafür prägen sich deren herabhängende Mundwinkel zunehmend in ihre Haut ein. Und diese Menschen heißen mit Nachnamen manchmal Merkel.

Bis 40 ist gutes Aussehen Glückssache.
Ab 40 ist jeder selbst für sein Aussehen verantwortlich.

Das heißt, man kann Angela Merkel hier nicht ganz aus der Verantwortung lassen. Die ernste Mimik, erkennbar an den Mundwinkeln und an den nach unten verlaufenden Falten rund um die Augen, hat sich auch bei ihr ein klein wenig eingebrannt. Das heißt nicht, dass sie nie lacht. Es ist nur nicht ihr am häufigsten praktizierter Gesichtsausdruck. Das prägt ihr Äußeres und damit den Eindruck, den viele von ihr haben. Die wenigsten würden ihr deswegen rauschende Vergnügungssucht unterstellen. Die Partymaus bringt man mit ihrer Person auch nur schwerlich zusammen. Andererseits wird Angela Merkel gerne mit Eigenschaften wie Unbestechlichkeit und Unbeirrbarkeit in Verbindung gebracht.

Wir wissen ehrlich gesagt nicht, ob das alles auf sie zutrifft, aber wir lassen etwas anderes nur schwer zu. Denn die Physiognomie eines Menschen hat einen starken Einfluss darauf, wie wir ihn einordnen. Auch wenn wir damit manchmal völlig falsch liegen.

Das kann man sich merken

Wer also meint, nur dann lächeln zu müssen, wenn der Chef vorbeikommt, wenn er ein Upgrade im Hotel herauscharmieren will oder die tolle Schnitte von nebenan beeindrucken will, täuscht sich gewaltig. Glaubwürdig wirkt eine Mimik erst dann, wenn sie in der Mimikroutine einen fixen Bestandteil hat. Suchen Sie sich deswegen bestimmte Erinnerungsroutinen, wenn Sie auch im Alter freundlich wirken und nicht zum »alten Grantler« verkommen wollen.

Jedes Mal, wenn Sie eine Tür öffnen, könnte das ein willkommener Anker zum Lächeln sein. Jede Begegnung mit einem Menschen ebenso. Oder vielleicht, wenn Sie am Montagmorgen den ersten Kaffee runterlassen. Zu heftig? Okay.

Ihr Markenzeichen

Im Wahlkampf für die Bundestagswahl 2013 wurde in Berlin eine ganze Hauswand mit einer Handgeste gestaltet. Zwei Hände auf Bauchhöhe, die Fingerspitzen aneinandergelegt. Jedem Wahlberechtigten war sofort klar, dass es sich hier um Frau Merkel handelte. »Deutschlands Zukunft in guten Händen.« Diese Rautengeste kennt man weltweit. Ich habe es überprüft – bei Vorträgen auf fast allen Kontinenten. Sobald ich diese Handhaltung einnehme, grinsen die Menschen. »Ah, the German chancellor!« Das muss man erst mal hinkriegen. Eine einzige Geste, und alle wissen Bescheid. Aber was soll diese Geste bedeuten?

Es wird behauptet, das sei ein Machtdreieck. Denn sie zeige damit den Anspruch auf die Spitze der Pyramide. Es sei ein Schneepflug. Damit zeige sie, dass sie, gegen alle Widrigkeiten, alles aus dem Weg räumt. Es sei eine Brücke. Sie wolle Gräben überwinden. Es sei ein Freimaurersymbol. Schließlich ist die Pyramide deren Erkennungssymbol.

Nein, bitte nicht zuklappen. Bleiben Sie mir weiter gewogen. Das habe ja nicht ich mir ausgedacht. Sondern »Experten«. Ja, ausgedacht. Nachzulesen in einem deutschen Nachrichtenmagazin von Qualität, Psychologiezeitschriften und Wikipedia.

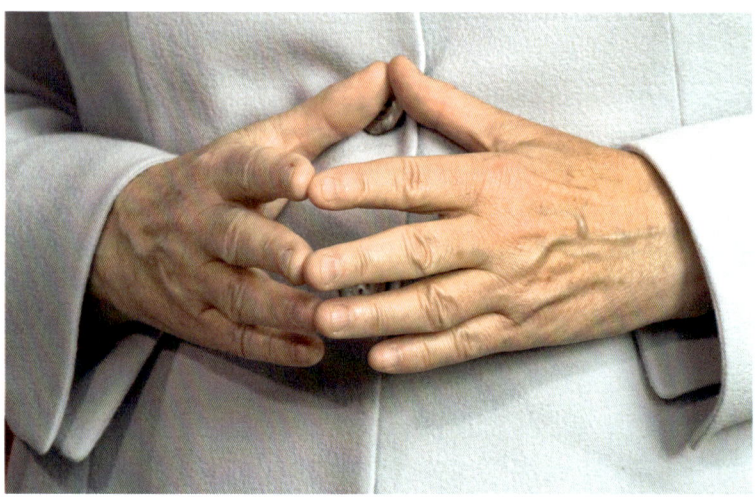

Das Problem dabei ist: Zu keiner einzigen dieser Einordnungen wird eine stringente Herkunftsableitung angegeben. Sobald jemand eine evolutionäre oder anatomische Erklärung oder sonst einen Ursprung dieser Deutungen anführen kann, halte ich meine Klappe. Vorher nicht!

Formen Alphagorillas im Dschungel die Hände zum Machtdreieck? Die würden damit so viel Inaktivität offenbaren, dass sie gleich vom Thron gestoßen würden. Und Pyramidenspitze? Was macht man in Gegenden von Flachdächern? Schneepflug? Dann gilt das Symbol nur für schneereiche Gegenden. Kein Wunder, dass Merkel in Arabien keine große Nummer ist. Die Brücke? Dazu fällt mir gar nichts mehr ein.

Freunde, wenn Körpersprache aus einer Fantasie heraus beschrieben wird, ohne einen faktischen Beleg zu liefern, dann darf man sich nicht wundern, wenn die Analyse dieser Kommunikationsform bisweilen belächelt wird.

Zur Rautenhaltung gibt es nur zwei Dinge zu sagen:
1. Sie wirkt damit aktiver.
Ja, ich weiß, Sie rufen: »Merkel? Aktiv? Geht's noch?«
Halten Sie inne, lieber Leser. Und Leserin.

Schwerkraft

In der Körpersprache gibt's ein Prinzip: Linien, die nach unten gehen, vermitteln weniger Aktivität als jene, die nach oben gehen. Es ist einfach verdammt viel Aufwand, gegen die Erdanziehung anzukämpfen. Wenn der Mensch also in Entspannung ist, richtet sich der Körper entsprechend aus. Alles, was geht, lassen wir runterhängen. Damit sparen wir Kraft, die wir dann für den Notfall zur Verfügung haben. Beobachten Sie sich, wenn Sie sich bis zum Gehtnichtmehr Serien auf Netflix reinziehen. Da sitzen Sie auf der Couch, die Mimik eingeschlafen, Getränke und Chips in Griffweite – bloß keine Anstrengung gegen die Erdanziehung! Wenn sich aber in der Serie ein Hannibal Lecter von hinten ans Opfer anschleicht, kommt Ihr Körper in Bewegung. Schlagartig sind Sie nicht mehr träger Zuschauer, sondern vermeintliches Opfer. Spannung breitet sich in Ihrem Körper aus, die

Unterarme heben sich von der Armlehne, die Fußspitzen spannen sich an, sodass die Fersen vom Boden abheben. Sie reißen die Augen weit auf, und der Mund öffnet sich. Sie tun enorm viel, was gegen die Erdanziehung arbeitet. Würde jetzt jemand zur Türe reinkommen, hätte er den Eindruck, Sie wären für eine Aktivität bereit. Das ist also immer ein Zeichen – auch für andere.

Wenn im Neandertalrudel alle erdanziehungskonform herumlungerten, hat jedes Mitglied unterbewusst erkannt: »Alles in Butter auf'm Kutter.« Wenn aber einer unruhig wurde und Spannung zeigte, wurde das blitzschnell von allen wahrgenommen, und die ganze Gruppe machte sich bereit zur Aktivität. Besonders, wenn das der Chef der Partie war. Der Rehsprung, wie eine Rehherde im Fachjargon heißt, macht es deutlich: Wird ein Reh nervös, hauen gleich alle ab.

Ich habe das jetzt anhand von Notsituationen erklärt. Es gilt aber für Aktivität grundsätzlich. Also auch wenn sich Euphorie und Begeisterung verbreiten sollen, richtet man seinen Körper gegen die Erdanziehung aus. Deswegen gehen ja auch so wenige Freudensprünge nach unten.

Betrachten wir mal Fotos von Angela Merkel aus den 1980er/90er-Jahren. Die Linien ihres Körpers zeigten nahezu alle Richtung Boden: Die Frisur, die Mundwinkel, die Schultern, die Arme, ja, die ganze Körperhaltung tendiert abwärts. Damit zeigt sie wenig Bereitschaft, wenig Aktivität.

Wenn wir uns nun Bilder aus ihrer Kanzlerschaft anschauen, sehen wir, dass ihre Linien deutlich öfter horizontal bzw. nach oben gehen. Die Frisur wirkt dynamischer, weil die Linien der Haare nicht mehr nur Richtung Boden zeigen. Ihre Kopfhaltung ist etwas mehr nach oben gerichtet. Die Schultern, und das ist bemerkenswert, wirken aufrechter, obwohl sie einige Jahrzehnte älter ist. Das führt uns zur Raute zurück. Mit dieser Handhaltung hält sie ihre Arme höher. Auf Bauchhöhe. Sie wirkt damit aktiver als damals mit herunterbaumelnden Armen. Das ist in etwa die Höhe, die wir einnehmen, wenn wir uns vor etwas schützen oder zu uns heranholen wollen – also immer wenn wir aktiv werden.

2. Sie wirkt damit souverän.

Wer genau hinschaut, wird erkennen, dass sie bei der Raute ihre Fingerspitzen ganz sanft aneinanderlegt. Und zwar in sehr vielen Situationen. Bei Fotoshootings, Vieraugengesprächen und Pressekonferenzen. Nun stellen wir uns mal vor, wir würden eine Pressekonferenz geben. Im Saal säßen Hunderte von Journalisten, die nur darauf warten, mit einem falschen Wort von uns eine niederträchtige Schlagzeile zu bekommen. Wir wären nervös, und das würde sich in kleinen Bewegungen unseres Körpers zeigen. Wir würden unsere Finger verkrampfen, an ihnen herumspielen, in jedem Fall aber ständig die Handhaltung ändern. Angela Merkel hingegen hält auch in außergewöhnlichen Situationen die Fingerspitzen ganz sanft aneinander. Und das lässt auf einen niedrigen Cortisolspiegel schließen. Cortisol ist unser Stresshormon, das in der Nebenniere synthetisiert wird. Zirkuliert es heftig in unserem Körper, zeigt sich das in nervösen Bewegungen. Nachdem die bei Merkel nahezu völlig fehlen, scheint es, dass sie noch in einem entspannten Zustand ist. Das hat einen entscheidenden Vorteil. Sie wirkt souverän.

So wie ein Feuerwehrmann, der ruhig bleibt, auch wenn rund um ihn Panik ausbricht. So wie der Pilot, der exakt während der Luftturbulenzen gaaaaaaaanz laaaaangsaaaaam … und … mit … vielen Pausen … zu den Passagieren zu sprechen beginnt. Genauso wirkt Merkel. Wenn alle hektisch und unsicher sind, halten wir nach den Menschen Ausschau, die noch ruhig sind. Ihnen vertrauen wir, weil sie offensichtlich noch nicht an ihrem Limit sind. Und das zeigt Merkel eben mit ihrer Raute.

Das kann man sich merken

Aktivität oder Inaktivität erkennen wir daran, wie sehr sich die Linien des Körpers gegen die Erdanziehung wenden. Je weiter nach oben, desto mehr Energie. Diese Ausrichtung des Körpers hat eine starke Wirkung auf andere. Wer eine Gruppe animieren will, muss also seine Körperlinien nach oben bringen.

»Herzlichen Glückwunsch, Sie sind befördert worden!«, nur Ihr Kollege Neid freut sich so gar nicht darüber und haut Ihnen bei jeder Gelegenheit verbal eine rein. Auch wenn Sie mit Ihren Worten diplomatisch ruhig reagieren – Ihrer Körpersprache sieht man an, dass Sie auf 180 sind.

Von nun an: Merkeln Sie! Bleiben Sie mit Ihrer Mimik unberührt, auch Ihre Standposition ändern Sie nicht um ein Jota. Gleichzeitig holen Sie Ihre Arme auf Bauchhöhe. Ihre Finger verschränken Sie oder legen sie in die andere Hand. Von mir aus machen Sie die Raute. Mit dieser Ungerührtheit demonstrieren und vermitteln Sie Stabilität. Nicht nur dem Jobneider. Vor allem auch den anderen Teammitgliedern.

… aber jetzt kommt der Haken

Die Fingerspitzen sanft aneinandergelegt, vermitteln wohl Ruhe und Gelassenheit. Aber eines fehlt dieser Haltung völlig: der Eindruck, anpacken zu können. Wenn der Holzfäller mit dieser sanften Fingerhaltung vor Ihrem Baum steht, beginnen Sie lieber selber zu sägen. Das wird nix. Nun werden Sie einwerfen: »Merkel muss keine Bäume sägen.« Nicht schlecht! Wir sind erst auf Seite 77, und Sie beginnen schon mit der Klugschei… . Glauben Sie mir, auch ich schlichtes Gemüt weiß das. Es geht dabei aber immer um die *Vermittlung* von Kraft, Einsatzfreude und Energie. Und die fehlt mit dieser Haltung, egal ob Holzfäller oder Kanzlerin.

Der zweite Aspekt ist die Eindimensionalität von Merkels Gestik. Niemals wäre ihre Handhaltung so bekannt geworden, wenn sie ein klein wenig variiert hätte. Mal die Finger verschränken wie beim Gebet, mal eine Hand in die andere gelegt, mal vorsichtig dazu einen imaginären Ring angefasst – keinem Menschen wäre diese Haltung ins Auge gestochen. Sie hätte damit die positiven Eigenschaften wie Souveränität und Aktivität weiterhin vermittelt, gleichzeitig aber mehr Eleganz und Flexibilität ausgestrahlt. Emmanuel Macron, Christine Lagarde, genauso wie Thomas Gottschalk, Oprah Winfrey und Stephen Colbert. Menschen, die regelmäßig in der Öffentlichkeit stehen, praktizieren diese Haltung. Entspannte Hände im »aktiven Bereich«, knapp oberhalb der Gürtellinie. Aber keiner von ihnen zeigt dabei so viel Eindimensionalität wie Angela Merkel.

Das kann man sich merken

Sie wollen Ihre Kollegen mit mitreißenden Worten animieren, haben dabei aber Augenlider auf halbmast, spannungslose Augenbrauen und Ihre Mundwinkel Richtung Boden? Ihre Schultern hängen lasch nach unten, Ihre Arme baumeln teilnahmslos herab, und die Finger wirken wie schlafende Regenwürmer? Glauben Sie mir, da stellt sich bei keinem Kollegen Begeisterung ein. Heben Sie Augenbrauen und Mundwinkel, geben Sie etwas Spannung in die Schultern, und bringen Sie vor allem die Arme in eine Bereitschaftshaltung. Wenn Ihre Finger dann noch zeigen, dass Sie bereit zum Anpacken sind, vermitteln Sie auch das, was Ihre Worte sagen wollen.

Der Angela-Gruß

Die deutsche Kanzlerin zeigt ganz offensichtlich, dass sie nicht die Art von Mensch ist, der groß im Mittelpunkt stehen will. Sie ist keine, die das Rampenlicht sucht wie ein Donald, eine Hillary oder eben ein Gerhard.

Wenn Merkel eine Bühne betritt, dann tut sie das anders als viele ihrer Kollegen. Verglichen mit Obama, Trump oder auch Lagarde macht sie sich klein. Noch kleiner, als sie ohnehin ist. Die eben genannten Menschen richten ihren Körper auf und heben meist ihr Kinn. Merkel macht das Gegenteil. Sie senkt ihren Blick. Auch wenn sie ins Publikum schaut, tut sie das häufig mit gesenk-

tem Kopf. Betrachten wir ihre Körpersprache beim Gruß in die Menge, wird das beinahe bilderbuchartig klar. In einer speziellen Synkinese, also einer unwillkürlichen Mitbewegung, macht sie zwei Dinge: Sie hebt die Hand zum Winken hoch – und duckt gleichzeitig ihren Kopf nach unten. Also selbst beim Zeigen von körperlicher Größe macht sie sich noch kleiner. Das löst bei uns ein Gefühl von Zurückhaltung aus. In jedem Fall ist es nicht das, was wir im ersten Moment als Machtsignal einordnen würden.

Merkel ist kein Krokodil

Der Eindruck des Duckens wird durch ihren scheinbar kurzen Hals verstärkt. Dabei hat sie anatomisch bestimmt keinen signifikanten Nachteil. Dafür ist eher ihre Kleidung verantwortlich. Die Schultern ihrer Sakkos sind nämlich so geschnitten, dass sie von außen in Richtung Hals recht hoch nach oben verlaufen. Das verkürzt optisch den Hals sehr stark. Warum sie das so schneidern lässt, ist mir ein Rätsel. Das verleiht ihr bei Auftritten mit den Mächtigen nicht wirklich die Königinnenaura.

Halskonstruktion

Der Hals ist eine große Schwachstelle unseres Körpers. Vom Brustkorb, der gut durch Muskeln und Knochen geschützt ist, zum ebenso in einem Knochenpanzer liegenden Gehirn verläuft ein recht dünner Kanal. In dieser Leitung liegen wichtige Blutgefäße, Nervenbahnen und die Speiseröhre. Für Ingenieure so was wie der wichtigste Versorgungsschacht in einem Hochhaus. Allerdings würde der Ingenieur diesen Schacht dick und stabil schützen. Mutter Natur hat da beim Menschen ziemlich gepfuscht und am Material gespart. Nur eine dünne Hautschicht, wenige Muskelstränge und die recht fragile Wirbelsäule schützen den Kabelkanal. Die fleischfressenden Tierchen wissen um diesen Schwachpunkt. Wenn die also Lust auf einen Menschenbraten hatten, dann haben sie sofort dorthin gebissen. Ein Schnapp, und die Leitungen waren unbrauchbar. Und bis ein Ingenieur die repariert hatte, war man mit Hades schon lange auf Du und Du. Mit diesem Problem schlagen wir uns nun schon seit Urzeiten herum. Wir Menschen wissen um diese Achillesferse im Körperbau. Man sieht es immer wieder an unserer Körpersprache. Wenn wir heftig erschrecken oder Angst haben, ziehen wir die Schultern hoch. Das ist der bestmögliche Schutz. Bestmöglich – denn wirklich sicher waren die Leitungen damit immer noch nicht. Aber immerhin war es für den Säbelzahntiger schwerer, einen ordentlichen Biss an der schwächsten Stelle anzusetzen. Genau das ist der Grund, warum wir in Zeiten, in denen wir Stress verspüren, oft einen verspannten Nacken haben. Nicht der enge Zeitplan, die vielen E-Mails oder der Anpfiff vom Chef sind die Ursache. Es ist der Säbelzahntiger, der uns immer noch mit einem Biss in den Hals droht.

Aber warum, um Himmels willen, hat uns Mutter Natur mit so einer Schwachstelle aus dem Garten Eden entlassen? Oder beging Charles Darwin einen Denkfehler in seiner Evolutionstheorie, als er meinte, dass sich immer die am besten angepasste Eigenschaft in einem Lebewesen durchsetzt?

Doch, doch, der gute Charlie hatte schon recht, denn diese Schwachstelle hat einen entscheidenden Vorteil: Sie macht den Kopf beweglich. Klar, die Natur hätte uns auch einen dicken Hals mitgeben können, das hätte uns oft das Leben gerettet. Wir hätten dann so ein klein wenig wie ein Krokodil ausgesehen. Dessen Hals ist gut geschützt. Aber es ist damit so unbeweglich, dass es seinen Kopf nicht unabhängig vom Rumpf bewegen kann. Wir Menschen, als recht schwache Jäger und Sammler, waren aber darauf angewiesen, Gefahren von allen Seiten schnell zu erkennen. Und damit war ein blitzschnell dreh- und neigbarer Kopf enorm wichtig. Neueste Studien scheinen zudem zu belegen, dass bereits im Neandertal Perlenketten in Krokohalsumfang unfinanzierbar waren. Elegante, schlanke Hälse haben sich also scheinbar auch aus ökonomischen Gründen durchgesetzt. Meint Darwin. Echt jetzt.

Merkels kürzer wirkender Hals (vor allem durch den Schulterverlauf ihrer Jacken) erweckt den Eindruck, sie würde die Schultern hochziehen. Das erinnert eher an ein Zurückziehen oder an Angst. Im besten Fall kann man ihr damit Bescheidenheit zuschreiben. Das ist im Wechselspiel mit der Kanzlerschaft einer der einflussreichsten Nationen der Welt für viele wohl ein angenehmes Signal. Sie wirkt damit so ganz anders als eine Christine Lagarde, die mit ihrem langen Hals und dem freien Nacken viel, bisweilen zu viel Erhabenheit zeigt. Aber insgesamt tut sich Merkel keinen Gefallen, wenn sie mit dem Schnitt ihrer Sakkos diesen duckenden Eindruck verstärkt.

Revolution in Pastell

Die Art der Kleidung hat Einfluss auf die Wirkung. Über alle Modeströmungen hinweg. Dabei ist es die Farbe, die wir an ihr als Erstes wahrnehmen. Unser Auge sucht die Umgebung ständig nach Konturen ab. Daraus entschlüsselt es Formen und Bewegungen, denn die ergeben das Abbild der Umwelt. Starke Kontraste sind fürs Auge leichter zu erkennen. Konturen mit dieser farblichen Polarität werden damit nicht nur schneller erkannt, Formen und Bewegungen zeichnen sich auch klarer ab. Die Einschätzung fällt leichter, und das gibt ein Gefühl von

Sicherheit. Eine Erklärung, warum Staatschefs überwiegend Kleidung mit starken Kontrasten tragen. Dunkler Anzug oder Kostüm kombiniert mit hellem Hemd oder Bluse. Der Ursprung dieses Aufzugs ist im Militärischen zu finden. Aber nicht in der tarnfarbenen Kampfmontur, sondern in der Präsentationsuniform. Und die sollte eben gut sichtbar sein und sich klar abheben. Das ist eine Universalie und hat nahezu alle traditionellen Trachten verdrängt.

Aus diesem Einheits-Schwarz-Weiß am politischen Parkett sticht meist nur eine Person hervor. Angela Merkel. Mal knallrot, mal pastellig. Selten aber in Dunkel-hell-Kombinationen. Für sich alleine sind ihre Kontraste zu schwach, als dass sie Sicherheit vermittelten. Aber im Verhältnis zu der Dunkelheit, die sie umgibt, strahlt sie damit hervor. Selbst wenn alle um sie herum die Hand heben, winken und sich damit bemerkbar machen, Merkel kann ihre Arme als Einzige inaktiv nach unten hängen lassen und bekommt doch die meiste Aufmerksamkeit – trotz Pastelltönen. Das ist mutig und unkonventionell. Denn sogar die meisten weiblichen Kollegen ordnen sich in die Dunkel-hell-Riege ein. Nicht nur weil die Farben sie per se seriöser wirken lassen, nein, es ist wohl auch ein Stück weit Konformismus, der sie dazu treibt. Merkel scheint das zu wissen und wirkt fast ein wenig provokant. Merkel als Revoluzzerin. Wer hätte das gedacht …

Die Körpersprache der Haare

Ist es angebracht, bei dieser Analyse über weitere modische Aspekte wie die Frisur zu sprechen? Ja, ist es. Denn alles andere wäre eine unvollständige Betrachtung der Körpersprache. Schon in meinem Buch *Hey, dein Körper spricht!* habe ich dargelegt, warum die visuelle Erscheinung niemals nur ein zeitgeistiger Aspekt ist, sondern immer auch den ersten Eindruck eines Menschen stark mitprägt. Kleidung, Accessoires sowie alles, was die betreffende Person aktiv gestaltet und auf den visuellen Kanal, also die Augen, wirkt. Und so müssen wir auch über ihre Haartracht sprechen. Angela Merkels Frisur hat ihr Image mitgeprägt. Weniger die aktuelle Frisur als vielmehr die der 1990er. Ihr Haar trug sie glatt nach unten, die Stirnfransen gern in Form eines Ponys. Ob einem das gefällt oder nicht, muss jeder für sich entscheiden. Allerdings darf man folgenden Faktor nicht außer Acht lassen: Die

Linien der Haare zeigen immer Richtung Boden. Wie bei der »Raute« beschrieben, gilt das für alle Linien, die sich mit Gesten, Mimik und auch Kleidung und Frisuren abzeichnen. Nach oben eher die Zalando-Paket-ist-angekommen-Euphorie, nach unten die Ach-die-Größe-passt-nicht-Stimmung. Mit dieser Frisur ist Angela Merkel bekannt geworden. Damit hat sie einen bleibenden Eindruck hinterlassen. Dabei hat sie über die Zeit einiges verändert. Die Linien ihrer Haartracht verlaufen heute deutlich horizontaler, und sie wirkt damit dynamischer.

Das kann man sich merken

Wenn es gerade Mode ist, die Haare glatt nach unten zu tragen, mit Stirnfransen bis knapp an die Nasenlöcher, alles gut, machen Sie, was gerade »in« ist. Aber eines sei Ihnen gesagt: Dynamisch geht anders. In wichtigen Situationen sollten Sie das in Ihre Styling-Überlegungen miteinbeziehen.

Bloß nicht zu nahe!

In einem Interview im Jahr 2013 mit einem großen Frauenmagazin wurde Angela Merkel gefragt, wie sie zu Seilschaften und Vereinnahmung durch andere Menschen stehe. Merkel sinngemäß: »Das ist nicht meins.« Die Interviewerin hakte nach: »Das ist also eher nicht Ihr Ding?« Merkel verdeutlichte: »Am besten gar nicht.« Dabei hob sie ihre Hände mit von sich abweisenden Handflächen und lehnte sich mit ihrem Oberkörper von der Interviewerin weg, als hätte die ihr ein unmoralisches Angebot gemacht. Obwohl ihr die Gesprächspartnerin gar nicht zu nahe gekommen war – allein die Vorstellung von Vereinnahmung und der damit meist einhergehenden körperlichen Nähe ließ Merkel eine abweisende Bewegung machen. Wenn Menschen andere für sich und ihre Positionen vereinnahmen wollen, stellen sie

Vertrautheit, vermeintliche Intimität und Nähe her. Das läuft oft über Körperkontakt. Merkel mag wohl eher weniger davon. Selbst wenn man nur darüber redet, reagiert ihr Körper mit abweisenden Bewegungen.

Emotionale Nähe, Zuwendung und Wärme kommen dem Betrachter dabei nicht in den Sinn. Vergleichen wir das mit einem Silvio Berlusconi – dem war die Nähe zu anderen Menschen nicht unangenehm. Sowohl von Männern als auch von Frauen. Bitte das nicht sofort sexuell einordnen! Es geht dabei um Verbrüderung bzw. Verschwesterung, um »einander etwas zuraunen«, um Verbindlichkeit erzeugen. Wenn man jemandem etwas ins

Ohr flüstert, vermittelt man diesem Menschen das Gefühl eines besonderen Vertrauensverhältnisses. Zum einen, weil man körperlich extrem nahe ist, ja sogar den Atem spürt. Zum anderen, weil man damit alle anderen von der Information ausschließt. Die Ausgeschlossenen bekommen da gerne mal das Gefühl von »Packelei«, von »die machen was, von dem wir nix wissen dürfen«. Heimlichtuerei und Unaufrichtigkeit kommen da leicht in den Sinn. Ich erinnere noch mal: Nicht weil tatsächlich etwas im Busch sein muss, vielmehr löst diese Intimität beim Ausgeschlossenen dieses Gefühl aus.

Merkel, mit ihrem Distanzbedürfnis, lässt diese Assoziation gar nicht zu. Und deswegen fällt es uns leichter, ihr Unbestechlichkeit nachzusagen. Auch da erinnere ich: Nicht weil wir es wissen, sondern weil ihre Körpersprache unsere Einschätzung lenkt.

Das kann man sich merken

Das Zusammenspiel unserer Gesellschaft ist immer ein Abwägen von Einzelinteressen und dem Interesse der Allgemeinheit. Wer einem Menschen besonders nahesteht, distanziert sich automatisch ein klein wenig vom Rest. Das ist manchmal enorm wichtig. Kinder brauchen regelmäßig das Gefühl, die ausschließliche Aufmerksamkeit eines Elternteils zu bekommen. Erwachsene ebenso. Wenn Sie im Job gerne mit Kollegen »unter vier Augen« sprechen oder immer wieder mal kundtun: »Lass uns das im Meetingraum alleine besprechen«, dann signalisieren Sie damit deren Wichtigkeit. Aber Achtung, wenn Sie das zu oft machen, werden Sie früher oder später bei anderen Kollegen Misstrauen ernten.

Wer also allen die gleiche Aufmerksamkeit schenken will, kann hier von Merkel lernen. Sie zeigt, wie man mit etwas körperlicher Distanz zu allen eine Äquidistanz schafft – also Gleichheit in der Gruppe.

Aber hey, das gilt nicht für Liebesbeziehungen. Sonst leben wir am Ende alle in Hippiekommunen.

Merkel knutscht – nicht jeden

Bei Begrüßungen zeigt Angela Merkel sehr klar, wer ihr nahekommen darf und wer nicht. Eine einfache Körperdrehung, und ihr Gegenüber weiß, ob ein Küsschen okay ist oder nicht. Kommt ein Mensch auf sie zu, den sie besser leiden kann, stellt sie sich dem frontal und damit offen entgegen. Sofort folgt eine kurze Umarmung und ein Küsschen links und rechts. Andere empfängt sie seitlich. Das heißt, dieser Mensch geht auf ihre Schulter zu. Damit sind eine Umarmung und ein Küsschen nur schwer möglich. Merkel offenbart hier schon, wie sie zu anderen Menschen steht. Nicht vergessen dürfen wir, dass dazu immer zwei erforderlich sind. Manche wollen ihrerseits wenig Nähe und schon gar keine Umarmung mit Angela Merkel. Solche Menschen gehen distanzierter auf sie zu – was wiederum bei ihr eine Schutzreaktion und damit eine seitliche Drehung auslöst.

Wir dürfen also niemals denken, dass Merkel alleine die Bestimmerin über Küsschen oder Nichtküsschen ist. Es ist immer eine Aktion des einen, die eine Reaktion des anderen hervorruft.

Mir nach!

Bisher haben wir die Körpersprache der Kanzlerin sehr reduziert und zurückhaltend erlebt, aber damit alleine kann man natürlich im politischen Haifischbecken weder überleben noch den ganzen Trupp anführen. Ja, sie hätte niemals eine Sogkraft entwickelt, die stark genug ist, um die stärkste Partei Deutschlands hinter sich zu versammeln. Sie aber sendet ein sehr selbstbewusstes Signal aus, das in der Körpersprache oft übersehen wird: Merkel geht gerne voran. Mit recht großen Schritten, ohne dabei nach links und rechts zu schauen. Wer vorangeht, und das zielstrebig, der vermittelt Sicherheit. Denn er weiß offensichtlich, wohin die Reise geht. Und diesen Reiseplan hat die Kanzlerin offensichtlich in sich gespürt. Schauen wir uns die jahrzehntealten Bilder an, ist es interessant, zu sehen, wie bereitwillig die Umstehenden, meist Männer, sich schon damals dem Merkel'schen Tempo unterordneten, ihr nachfolgten. Gespräche verstummten, wenn sie den Raum betrat, das Glas wurde erst erhoben, wenn sie das Zeichen dazu gab, und in einer Gruppe bildete sich plötzlich ein Kreis mit ihr im Mittelpunkt. Nicht sie hat die anderen um sich geordnet, sondern die anderen haben ihr unbewusst den Platz im Zentrum zuerkannt. Ich erinnere

hier noch mal: Das war lange Zeit, bevor man sie in der Öffentlichkeit überhaupt wahrgenommen hat. Mit dieser Zielstrebigkeit hat sie anderen offensichtlich Sicherheit vermittelt.

Das kann man sich merken

Ein zielstrebiger Gang und entschiedenes Agieren in alltäglichen Handlungen vermittelt uns Kompetenz und Selbstbewusstsein. Wer so auftritt, dem ordnen wir uns gerne unter. Egal ob Mann oder Frau. Dabei geht es gar nicht nur um großartige Handlungen wie das Lenken von Staaten. Das gilt auch im Alltag. Dem Mann, der elegant Gemüse schneidet, es auf dem Brett wie selbstverständlich hin und her schiebt, dem nimmt man den Topkoch ab, selbst wenn er vom Würzen keine Ahnung hat. Die Frau, die ihre Finger zielsicher über den Laptop fliegen lässt und dabei lässig den Fehler behebt, hält man für eine IT-Spezialistin. Selbst wenn sie nur einen einfachen Neustart gemacht hat. Ganz anders die »Am-Smartphone-mit-dem-Zeigefinger-Tipper«, die jeden Buchstaben suchen müssen.

Auch ohne sie näher zu kennen, signalisieren Menschen, die mit schnellen, zielsicheren Bewegungen ohne Umwege auf das Ziel zusteuern, Kompetenz. Wer oft zögert, erzielt damit genau das Gegenteil.

Rampensau? Na, gehhhhh!

Auch wenn sie beim Gehen das Tempo vorgibt: Eine Rampensau wird sie wohl nie werden. Das scheint in ihrer Persönlichkeit einfach nicht angelegt zu sein. Das Positive an ihrer Körpersprache ist, dass sie es auch gar nicht versucht. Merkel drängt sich nicht nach vorne. Zumindest nicht offensichtlich. Der kecke Augenaufschlag, um die Presse für sich zu gewinnen, ist nicht ihr Ding, und die kanzlerische Ellbogentechnik setzt sie, wenn überhaupt, nur hinter verschlossenen Türen ein. Sie ist damit keine Samariterin, die sich nur in den Hintergrund stellt. Machen wir uns nichts vor: Wer ganz nach oben will, muss viele, viele Menschen aus dem Weg räumen. Das macht Merkel natürlich auch, aber eben aus der zweiten Reihe. Sie wird als »Aussitz-und-kein-Kommentar-Kanzlerin« tituliert. So kann man es natürlich sehen. Mit etwas Distanz betrachtet fällt aber auf, dass sie sich von vielen anderen Politikern unterscheidet. Von denen, die zu jedem Vorfall einen Kommentar abgeben, bei jedem Unwetter mit Gummistiefeln in die Kameras seufzen und ein Kind, sobald es in der Nähe ist, in die Luft heben, um sich in dessen Glanz zu sonnen. So wenig, wie ihre Aktionen um die Gunst buhlen, so wenig buhlt ihre Körpersprache. Sie weiß, dass sie keine Michelle Obama ist – und sie legt es gar nicht darauf an. Damit zeigt sie eine große Übereinstimmung zwischen ihrer Persönlichkeit und dem, was sie nach außen hin zeigt. Das nennt man Authentizität. Und das hat immer eine große Anziehungskraft.

Macht Sauer lustig? Der Mann an ihrer Seite

Würde man das Paar nicht kennen, wäre man sich nicht sicher, ob sie Arbeitskollegen bzw. entfernte Verwandte sind oder doch nur regelmäßig den gleichen Supermarkt besuchen. Über das Verhältnis der beiden wurde schon viel spekuliert. Auf den ersten Blick ist das auch verständlich. Denn beide zeigen sehr wenig körperliche Nähe im Umgang miteinander. Lassen Sie uns mal ein Gedankenspiel machen: Ihre Freundin marschiert zum großen Fest an, ihren Mann im Schlepptau, aber mit drei Schritten Abstand. Er schlendert wortlos hinter ihr her, den Blick Richtung Boden geneigt. Wenn die zwei während des Abends weder Händchen halten, den Arm umeinander legen oder sonst irgendeine Nähe zeigen, von Busseln ganz zu schweigen – Mensch, was würden alle tuscheln: »Bei denen kriselt's doch. Da ist keine Wärme mehr spürbar.« So in etwa ist die Körper-

sprache des Merkel-Sauer-Duos. Ein Beziehungsurteil aufgrund dieser Beobachtung wäre durchaus nachvollziehbar, aber nur, wenn man eine der grundlegendsten Regeln der Körpersprache missachtet:

Veränderung zählt mehr als der Status quo.

Würden Beziehungsanalysten die Ehe von Merkel und ihrem First Husband anhand ihres Umgangs miteinander beschreiben, ich schwöre, viele würden ein »Auseinanderleben« diagnostizieren. Schließlich sieht man beide nie so harmonisch turtelnd wie die Obamas. Selbst George W. Bush und seine Frau strahlten da mehr Beziehungserotik aus. Und hey, das will was heißen. Apropos Bush: Es war schon bezeichnend, dass seine Frau immer einen Schritt hinter ihm gegangen ist. Sie hat sich bei ihm eingehängt und dem Volk zugewunken, aber erst nachdem ihr Mann es getan hat. Bei den Merkel-Sauers ist das umgekehrt. Sie geht einen Schritt voraus. Damit gibt sie wieder das Tempo vor. Und winken? Dafür scheint sich Herr Sauer nicht sonderlich zu interessieren. Zudem ist der Quantenchemiker nicht nur einen Schritt hinter ihr, sondern meist auch etwas versetzt. Die Distanz ist damit noch größer. Händchenhalten, Busseln? Geh bitte! Wenn ich mal ein Klischee reiten darf: Die norddeutsche protestantische Pastorentochter bestätigt das Stereotyp der kühlen, kontrollierten Frau hier volle Kanne. Sie ist vom Geist der Aphrodite so weit entfernt wie der Olymp von Brandenburg.

Aber: Wenn beide von Beginn an so miteinander umgegangen sind, ist es offensichtlich ihr Normalzustand. Vielleicht ist es genau das, was die beiden unter einer guten Beziehung verstehen, und es erfüllt exakt ihre Bedürfnisse. Bemerkenswert wäre die Distanz nur, wenn es früher ganz anders gewesen wäre. Denn Körpersprache ist immer dann besonders spannend, wenn Veränderung eintritt. Und wer immer noch meint, dass die Merkel-Sauer-Beziehung keine herzliche, erotische und intime sein *kann,* weil ja so wenig Nähe und Intimität zu sehen ist, verrät damit mehr über seine eigenen Beziehungswünsche. Daraus aber den beiden einen Beziehungsstrick zu drehen ist Quatsch.

Erkenntnis

Stabilität und Sicherheit – Merkel zeigt, wie's geht

»Die hat es ja leicht«, das gilt bei ihr nicht. Angela Merkel hat wenig von dem, was Karrierecoaches im ersten Moment als ideal für eine Topkarriere definieren würden. Und damit zeigt sie uns, dass die stärkste Kraft immer noch die Authentizität ist. Sie ist dem Schielen auf die Obamas, Clintons und Gottschalks dieser Welt niemals erlegen, und damit hat ihr Auftreten eine besondere Kraft. Ihre Körpersprache ist eine angenehme Abwechslung in der Welt der Eitelkeiten und In-den-Mittelpunkt-Dränger.

Davon können wir uns vor allem eines abschauen: Gelassenheit. Wir brauchen nämlich keine Modelfigur, keine alles überragende Körpergröße und kein Vitamin B. Wer sich selbst auf Dauer treu bleibt, wird eine unwiderstehliche Wirkung haben. Alles, was wir brauchen, ist bereits in uns vorhanden.

Allerdings zeigt uns Merkel noch etwas: Nicht jedes Bedürfnis können wir mit unserem Auftreten bedienen. Sie zeigt viel Ruhe, Stabilität und Distanziertheit. Das *ist* sie. Am anderen Ende fehlt ihr aber die Fähigkeit, mit ihrer Körpersprache Euphorie und Begeisterung hervorzurufen, nahezu völlig. Es liegt wohl nicht in ihrem Temperament – und sie spekuliert auch nicht darauf. Ihre Kraft liegt also augenscheinlich auch im Verzicht.

Wladimir Putin

Gehemmt, bis in den rechten Arm

Ohne das Charisma eines Dalai Lama, Barack Obama oder JFK hat man es schwer. Schon im Kindergarten gibt es jene, die mit viel Charme und Ausstrahlung zum Mittelpunkt werden. In der Schule sind es die Typen mit Zivilcourage, großer Klappe und unwiderstehlichem Humor. Bei diesen Jungs und Mädels kann fast nichts schiefgehen im Leben. In der Firma bekommen auch diejenigen die meiste Aufmerksamkeit, die toll präsentieren können und aus dem Nichts eine große Nummer machen. Aber die anderen? Wo bleiben die? Im Backstagebereich des Lebens.

Das Rampenlicht kennen sie nur vom Ein- und Ausschalten für andere. Und dann gibt es manchmal eine Ausnahme.

Wenn man aus einer Gruppe Menschen den Chef des größten Landes auf diesem Planeten auswählen sollte, dann würde die Wahl wohl nicht auf Wladimir Putin fallen. Dazu braucht es keine wissenschaftliche Studie. Er ist von seinem Erscheinungsbild her nicht das, was man als charismatisch, gewinnend oder als besonders vertrauenerweckend bezeichnen würde. Dazu ist er zu unscheinbar und zu zurückhaltend in seinen Bewegungen. Bei Trump, Obama oder Justin Trudeau ist das anders. Aber keiner von denen hat nur annähernd die gleiche Erfolgsbilanz zu verzeichnen wie Wladimir Wladimirowitsch Putin.

Meinungen über Putin

Im Rahmen meiner Recherchen zu diesem Buch habe ich mit Russinnen und Russen gesprochen. Persönliche Gespräche mit den Bewohnern haben mir schon oft einen Blick auf ein Land und dessen Regierung ermöglicht, der etwas anderes ergibt als das von außen gezeichnete Bild. Zudem fällt dabei der Filter der Medien weg. Denn ein Großteil der europäischen und amerikanischen Redaktionen sieht in Putin einen Mann, der seinem Volk wenig Gutes will, der nahe an der Autokratie ist und seine Bürger mit harter Hand regiert. Ich will hier nichts beschönigen oder Ihnen Krims Märchen auftischen.

Autorschämtsichfürdiesen Wortwitzundgelobt Besserung
Aber dass er einiges an sich haben muss, was auf günstigen Boden fällt, ist nicht von der Hand zu weisen. Denn zu meinem Erstaunen waren beinahe alle meine russischen Gesprächspartner im Grunde mit Putin mehr oder weniger zufrieden. Alle nannten Kritikpunkte, und doch endete nahezu jedes Gespräch mit Worten wie: »Es geht uns unter Putin besser als unter Jelzin.« Oder: »Der Präsident muss ja stark sein, denn sonst übernehmen wieder die Oligarchen das Land.« Oder: »Bei uns gibt es so viel Korruption; wenn er nicht durchgreift, herrscht Chaos.«

Aus der Ferne betrachtet, irritiert das. Schließlich weiß man ja, wie wenig zimperlich er mit seinen Gegnern umgeht. Wie schnell man als Oppositioneller im Straflager landet und er in ein Nachbarland einfällt, wenn es seiner Agenda dienlich ist. Und doch ist die Zustimmung im Land größer, als wir es von außen vermuten würden.

Er muss also die große Fähigkeit haben, den rund 143 Millionen Bewohnern in diesem Riesenland ein Gefühl von Zusammengehörigkeit und Stabilität zu geben. Denn es ist eben ein *Gefühl*, und das lässt sich nicht mit Worten, sondern mit Wirkung und Inszenierung der Person auslösen.

Dabei spielt die Körpersprache für Charme und Charisma nur eine untergeordnete Rolle. Bei ihm zählen ganz andere nonverbale Signale.

2017 besuchte Putin eine russische Fabrik, in der zahlreiche Arbeiter von der Kündigung bedroht waren. Die Fabrikeigner saßen mit ihm um einen U-förmigen Tisch, an dessen Kopf der Kremlchef saß. An den beiden Längsseiten saßen die mächtigsten Oligarchen des Landes. Der bekannteste und mächtigste unter ihnen war Oleg Deripaska, Eigentümer eines der größten Industrie- und Aluminium-Konzerne Russlands und vielfacher Milliardär. Der Besuch war keine Freundschaftsvisite. Putin hob zu einer Tirade gegen die dort sitzenden Oligarchen an. Er sprach davon, wie verantwortungslos sie seien und dass sie Tausende Arbeiter schlecht behandeln würden. Er nannte die Anwesenden »Kakerlaken«, die »inkompetent« und »raffgierig« seien. Wenn sie, die Industriebosse, nicht zu einer Einigkeit kommen würden, würde er die Sache eben selbst in die Hand nehmen. Und damit meinte er nicht mehr und nicht weniger als eine Enteignung. Dabei schaute er die Umsitzenden mit nach vorne geneigtem Haupt und stechendem Blick an. »Haben alle die Vereinbarung zur Übergabe der Fabrik unterzeichnet?« – »Deripaska? Hast du unterschrieben? Ich sehe deine Unterschrift nicht. Unterschreibe es!« Putin warf einen Kuli neben sich auf den Tisch. Mit ausgestrecktem Finger deutete er auf die Stelle, wo der Oligarch zu unterschreiben hatte. Deripaska stand

auf, stellte sich neben Putin und unterschrieb. Danach setzte er sich wieder brav auf seinen Platz.

Der russische Staatschef vollzog ein Schauspiel, in dem die Mächtigen des Landes, allen voran Deripaska, zu willfährigen Statisten verkamen. Warum ich es Schauspiel nenne? Weil an der offenen Seite des U-förmigen Tisches unzählige Kameras, Fotografen und Journalisten alles eifrig in Wort und Bild festhielten. Offensichtlich sollte diese Robin-Hood-Inszenierung zeigen, dass Papa Wladimir für die Arbeiter da ist und er für ihr Wohl sogar die reichsten und mächtigsten Männer des Landes in die Knie zwingt. Genau das gleiche Ziel haben seine Bürgersprechstunden im TV. Hier löst er Probleme von einzelnen Bürgern im Handstreich.

Wir machen mal ein Gedankenexperiment: Angela Merkel befielt den Bossen von Siemens, VW, Daimler und Lufthansa vor laufenden Kameras, einen Vertrag zu unterschreiben. So weit reicht Ihre Fantasie nicht? Kann ich verstehen. Die Konzernbosse würden wahrscheinlich noch nicht mal einen gemeinsamen Termin finden, um persönlich anwesend zu sein. Solch alphatierisches Gehabe sind wir von der deutschen Kanzlerin auch nicht gewohnt. Sie macht es schon – nur weitaus subtiler. In Deutschland würde das anders ablaufen. Und das liegt am Wohlstand. In Russland, wo Korruption in vielen Bereichen weitverbreitet ist, man sich vom Rechtssystem oft keine Hilfe erwarten kann und viele Arbeitgeber nahezu Allmacht haben, bekommt ein Mensch, der im Handstreich all diese Widrigkeiten aus dem Weg räumen kann, einen besonderen Stellenwert. Dazu muss er enorm viel Stärke zeigen. Und das tut Putin mehr als genug. Um so viel offensichtliche Stärke haben wir eigentlich gar nicht gebeten.

Putin zieht blank

Bevor wir uns Details seiner Körpersprache anschauen, müssen wir uns über die FKK-Nummer vom obersten Russen unterhalten. Über Jahre hinweg hat Putin regelmäßig Fotos von sich machen lassen, die ihn aufrecht im Sattel thronend, mit Jagdgewehr bewaffnet oder mit Angel und kapitaler Fischbeute in der Hand zeigen. Immer oben ohne. Wenn wir uns die durchschnittlichen 50- bis 60-jährigen Männer so anschauen, muss Putin sich für seinen Oberkörper nicht genieren. Aber warum macht er das überhaupt? Will er uns mit seinen Muckis beeindrucken?

Hinter dieser nudistischen Marotte steckt mehr, als man auf den ersten Blick meint. Klar handelt es sich hierbei um eine Riesenportion Eitelkeit. Angeblich lässt er sich auf den Fotos schon mal seine *love handles* weg retuschieren. Aber insgesamt sind ihm die Fotos wohl eher Mittel zum Zweck. Er führt uns herrlich vor Augen, dass wir auf dieses archaische Zeug immer noch abfahren. Das schüttelt man auch nach ein paar Millionen Jahren nicht einfach ab. Schon damals war es so, dass Menschen jene Anführer auswählten, die mit ihrer Kraft Sicherheit versprachen. Wer zu oft Schwäche, Unentschlossenheit oder Inaktivität zeigte, verlor an Zustimmung. Je prekärer die Situation der Gruppe war, desto stärker wollte die Gruppe geführt werden. Daran hat sich bis heute nichts geändert. Gar nichts!

In akuter Bedrohung – früher der Säbelzahntiger oder der menschliche Feind, heute der Kriegsfall – verlangen wir vom Alphatier weniger Sympathie als vielmehr Entscheidungsstärke. Bildhaft gesprochen: Wenn man in einer Schlacht im feindlichen Feuersturm im Schützengraben liegt und der Kommandant schreit: »Köpfe runter, und ihr rennt jetzt alle nach links«, wird dem nicht nur widerstandslos entsprochen. Man ist sogar froh, wenn jemand ohne Umschweife sagt, was zu tun ist. Ohne Fragerunde, Stuhlkreis und Gruppenarbeit. Da wird auf Nettigkeiten gepfiffen. Deswegen ist der Umgangston bei einem Großbrand genauso rau wie bei einer Notoperation in der Intensivklinik. Wenn wir uns aber vorstellen, bei einer demokratischen Wahl würde der Kandidat von der Bühne aus brüllen: »Alle den Kopf runter, und ihr macht das Kreuz links«, würde der wohl an der Fünfprozenthürde scheitern. Warum also wollen wir im Notfall eindeutige, starke Anweisungen, die nahe am Befehlston sind? Weil sie uns Entscheidungskraft und somit Sicherheit versprechen!

Was hat aber Putins Oberkörper damit zu tun? Ganz einfach: Je prekärer eine Situation wird, desto archaischer reagiert der

Mensch. So suchen wir nach optischen Signalen, die uns diese Entscheidungskraft versprechen. Wir bauen ein Junktim zwischen Entscheidungsstärke und körperlicher Stärke auf. In Notsituationen vermittelt uns das ein kräftig gebauter Körper, ein starrer Blick, ernste Mimik und große, laute Schritte, die ohne Umwege auf ein Ziel zu gehen. Und wenn Putin das auch noch beim Jagen in Sibirien tut, hat er doppelt an unser archaisches Gehirn appelliert.

Also, wenn Angela irgendwann oben ohne auf einem Pferd durch die *BILD*-Zeitung reitet, Freunde, dann brennt garantiert irgendwo die Hütte.

Man könnte mutmaßen, Putin zieht sich aus, um damit seine geringe Körpergröße zu kompensieren. Ich will ja nicht ausschließen, dass das bei ihm eine Rolle spielen könnte. Wenn allerdings vor allem kleine Männer wie Putin und Benito Mussolini (1,69 m) ihre Größe mit archaischen Kraftsignalen kompensieren müssten, dann dürften der Chef der rechtspopulistischen Partei in Österreich Heinz-Christian Strache (1,80 m), der kanadische Premierminister Justin Trudeau (1,88 m) und der ehemalige Gouverneur von Maryland Martin O'Malley (1,85 m) das nicht nötig haben. Die haben sich nämlich alle auch schon oben ohne ablichten lassen. Sie merken, dass solche Erklärungen eher die Krankenkassenargumente der Psychologie sind. Nur weil es im Einzelfall mal zutrifft, ist es unzulässig, dies zu einem allgemein gültigen Axiom zu machen. Ach? Sie meinen, der Autor windet sich da raus, weil er selbst nur 1,60 m ist? Pffff... gehts noch billiger? Da steh ich drüber!

Rekeltsichobenohneaufdem Eisbärenfell

Das kann man sich merken

Reiten Sie zur nächsten Gehaltsverhandlung oben ohne auf einem Gaul ein!

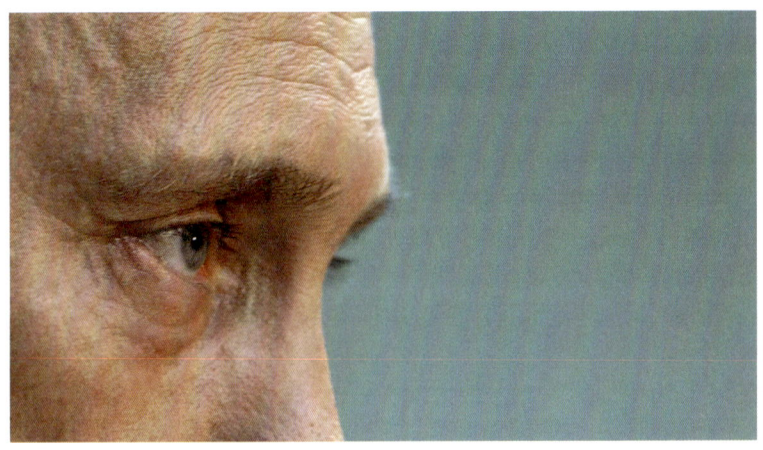

Putin vs. Türrahmen: 1:0

Sie haben wahrscheinlich nicht den Mumm, beim Chef einzureiten, wofür ich Verständnis habe. Durchsetzungsfähigkeit ohne Pferd geht auch. Putin zeigt es sehr oft. Den Kopf in den Nacken geworfen, laut lachend. Das kennt man von Wladimir Putin nicht. Denn er hält seinen Kopf konsequent etwas nach vorne geneigt. Das entfaltet natürlich eine Wirkung. Denn jede Form der Kopfneigung verringert erst mal die Körpergröße, so eben auch die Neigung nach vorne. Er macht sich also kleiner. Zusätzlich ist diese Haltung statisch ziemlich unsinnig.

Ideal zur Schwerkraft ausgerichtet

Unser Körperbau ist, gemessen an der Grundfläche, zwar hoch aufragend, aber dennoch gut gegen die Erdanziehung ausgerichtet. Wir haben keine langen vertikalen Körperteile wie der Basset von Inspektor Columbo. Dessen lange Wirbelsäule liegt quer und muss von Muskeln über eine recht große Strecke gestützt werden. Das kostet Energie. Beim Menschen wird das gesamte Gewicht ziemlich effektiv nach unten abgeleitet. Von den großen Skelettteilen liegen nur Schlüsselbein und Becken vertikal. Aber als starre Knochenelemente brauchen sie keine Stütze. Nahezu alle anderen Körperteile, wie Arme und Hände, hängen nach unten. Oder sie liegen direkt aufeinander und stützen sich von unten nach oben. Beginnend mit den Beinen, dem Becken, der Wirbelsäule bis zum Kopf. Also wird der jeweils obere Körperteil vom darunterliegenden gestützt. Man benötigt somit äußerst wenig Muskelkraft, um den Körper in der Senkrechten zu halten. Die meiste Arbeit erledigt das Knochengerüst. Sobald sich aber ein Körperteil aus der Senkrechten wegbewegt, müssen die Muskeln die Arbeit übernehmen.

Beugt jemand seinen Kopf nach vorne, ist das direkt mit einer Zunahme des Energieaufwands verbunden. Jeder gesunde Körper versucht tunlichst, das zu vermeiden. Und wenn, dann tut der Körper das nur, weil er sich einen Nutzen von dieser aufwendigen Haltung verspricht.

Wenn Boxriese Wladimir Klitschko durch eine Tür geht, hält er den Kopf nach vorne gebeugt, um sich nicht zu stoßen. (Er hat ohnehin schon genug auf die Birne bekommen.) Er nimmt den Kopf also aus der Falllinie, um seinen Körper zu schützen. Wenn Kleinkinder etwas gegen den Willen der Eltern tun und gescholten werden, zeigen sie eine ähnliche Haltung. Allerdings aus einem anderen Grund. Der Kopf ist leicht gesenkt und mit der Stirn ein wenig nach vorne gebeugt. Sie machen sich kleiner und bekennen damit ihre Schuld. Das Beugen des Kopfes kann also auch eine Form der Unterordnung sein.

Ich wage hier ausnahmsweise eine Interpretation und sage, dass Putin den Kopf nicht beugt, um ihn sich nicht am Türrahmen anzuschlagen. Und Unterordnung kommt mir bei ihm auch nicht in den Sinn. Also müssen wir noch genauer hinschauen. Und da bemerken wir, dass Verkleinern auch unsichtbarer macht. Wenn man in Deckung gehen will, senkt man als Erstes seinen Kopf. Und wenn man jemandem heimlich etwas zuraunt, macht man das immer mit gesenktem Kopf. Man kann in dieser Position also etwas von sich geben, wird aber nicht sofort als Urheber der Worte wahrgenommen. Ziemlich ideal, um aus dem Verborgenen zu herrschen.

Mehr Widder als Waage

Sein geneigter Kopf hat auch zur Folge, dass die Stirn nach vorne rückt. Damit »bietet er die Stirn«. Diese Redewendung hat viel Reales in sich. Es ist nämlich eine uralte Kampftechnik, die umgangssprachlich manchmal »Kopfnuss« genannt wird. Dabei gibt der Angreifer dem Opfer einen heftigen Schlag mit seiner Stirn.

Von einem deutschen Comedian erfuhr ich, dass diese Kampftechnik auch bei Menschen in unseren Breitengraden nicht unüblich ist. Er war Zeuge, als die Bodyguards eines bekannten deutschen Rappers einen unerwünschten Gast aus dem Backstagebereich »hinausbegleiteten«. Zu seinem Erstaunen ging alles unglaublich schnell und routiniert vonstatten. Zwei nahmen den Gast in ihre Mitte, und der Dritte kam mit zwei schnellen Schritten auf ihn zu und gab ihm den beschriebenen Stoß mit der Stirn gegen den Kopf, speziell gegen das Nasenbein des Gastes. Dieser ging sofort blutend zu Boden, wobei er von den beiden anderen gepackt und weggebracht wurde. Genau das Gleiche machte ein Mafiaboss aus Ostia nahe Rom bei den Kommunalwahlen 2017. Vor laufender Kamera brach er mit seiner Stirn einem Reporter des italienischen Staatsfernsehens das Nasenbein.

Diese Kampftechnik ist vor allem in der Tierwelt zu beobachten. Kippt der Kopf nach vorne, ist mit dieser Haltung der widerstandsfähigste Teil des Schädels, die Stirn, ganz vorne. Das wird sofort klar, wenn wir Widder oder Steinböcke beim Kampf beobachten. Die bäumen sich auf ihren Hinterbeinen hoch auf oder nehmen Anlauf. Sie stürzen dann aufeinander zu und lassen ihre behörnten Schädel aufeinanderkrachen. Volle Kanne. Ohne Rücksicht auf Verluste. Und doch steigen sie nahezu immer ohne Schäden aus diesen Kämpfen aus. Nicht nur die Bodyguards und der Mafiaboss tun das, auch Putin hält seinen Kopf ziemlich oft mit der Stirn nach vorne.

Im Fall des Kampfes bietet diese Haltung auch Schutz. Durch das Vorbeugen neigt sich auch das Kinn nach unten und schützt damit den Hals. Eine sehr verletzliche Stelle (vgl. Merkel). Ob der Russe Wladimir seinen Kopf aus Angriffslust oder als Form der Verteidigung so hält, kann ich nicht beurteilen. Es ist auch nicht relevant. Viel wichtiger ist, welche Wirkung er damit auf seine Umwelt hat.

Wenn wir also das »Image« von Putin betrachten, werden die wenigsten bei ihm menschliche Nähe vermuten oder ihn als sympathische Plaudertasche wahrnehmen. Stellen Sie sich vor, er begegnete Ihnen zufällig am Flughafen. Würden Sie so mir nichts dir nichts auf ihn zugehen und ihn um ein Autogramm oder Selfie bitten? Eher nicht.

Das kann man sich merken

Wir wollen oft gerne als locker, entspannt und easy going wahrgenommen werden. Das ist legitim. Wer allerdings vornehmlich den Blick aufs Smartphone richtet und bei jedem verpassten Game-Level »den Kopf hängen lässt«, sendet unabsichtlich ähnliche Signale aus. Legen Sie manchmal das Smartphone beiseite, und lassen Sie den Blick zu Boden nicht zur Gewohnheit werden. Wer nämlich mit aufrechtem Blick durchs Leben geht, wird von anderen als offener wahrgenommen.

Blickkontakt als Fluchtversuch

Putin sieht selten jemanden an. Mehr noch, es scheint, als vermeide er den direkten Blick zu anderen Menschen. Betritt er einen Raum, geht sein Blick eher zum Boden oder direkt zu seinem Ziel, zum Beispiel zum Rednerpult. Ein Berlusconi lässt als Erstes seinen Blick über die Menge schweifen. Genauso machen das auch Barack Obama, Hillary Clinton, Emmanuel Macron und Donald Trump. Oft nicken sie auch noch einzelnen Personen zu und zeigen auf sie. Mit diesem Auftritt stellen sie Kontakt zum Publikum her, das schafft emotionale Nähe. Wladimir Putin macht keine dieser Bewegungen. Der Augenkontakt ist meist kurz und endet oft verstohlen und beinahe schüchtern. Das trägt dazu bei, dass er distanziert wirkt.

Blickkontakt als Geringachtung

Wenn Putin dann doch mal jemanden länger anschaut, dann weiß er es als Signal der Dominanz einzusetzen.

Er hebt seine Augenbrauen. Genauso, wie wir das machen, wenn wir erstaunt oder überrascht sind – oder wenn wir eben gebannt auf die Worte unseres Gegenübers warten. Wider Erwarten reißt er dabei aber seine Augen nicht auf – nein, er lässt die Augenlider auf halbmast. Er wirkt, als sei er wenig beeindruckt oder sogar gelangweilt. Wenn Putin also auf eine Frage mit diesem Blick reagiert, so hat er wohl keine große Lust, irgendetwas zu entgegnen.

Wenn der Fahrkartenkontrolleur Sie mit diesem Blick anschaut, war Ihre Ausrede zu schwach.

Blickkontakt als Degradierung

Putin, der Augenkontaktmeider, verwendet ihn also manchmal als nonverbale Antwort. Er hat auch noch was anderes sehr gut drauf: Starren! Ja, starren. Sie denken, das sei keine Kunst? Sie meinen, das können Sie mit links? Warum müssen Sie dann bei Ihren Kindern immer laut werden, bis die tun, was Sie von ihnen verlangen? Na? Sehen Sie. Weil Sie nicht starren können!

Bei einer Versammlung in Moskau waren alle Regionalvorsitzenden um einen runden Tisch versammelt. Die Sitzordnung war natürlich hierarchisch gegliedert. Die Wichtigsten hatten ihren Platz direkt neben Putin. Je weiter entfernt einer saß, desto unbedeutender war er. Einer der »Nahsitzer« war bei Putin in Ungnade gefallen. Entweder wusste er das nicht, oder er hatte es ignoriert. Als Putin den Raum betrat, standen die Männer auf. Putin blickte in die Runde und sah den unerwünschten Mann in seiner Nähe. Wortlos fixierte er ihn mit den Augen und ließ nicht mehr von ihm ab. Die Sekunden fühlten sich auch für den Zuschauer ewig an. Ohne Kommentar packte der schließlich seine Unterlagen und nahm einen Platz weitab des Chefs ein.

Unser Mittelhirn entscheidet binnen Millisekunden, ob wir einem Menschen unter- oder überlegen sind. Einer der ersten Hinweise für diese hierarchische Einordnung ist der Blick. Wie in der Tierwelt gewinnt der, der dem Blick länger standhält. Wer ihn zuerst senkt, hat verloren. Sie kennen das Spiel. Nein? Kennen Sie nicht? Dann sind Sie wahrscheinlich eine Frau. Nicht dass Frauen den stechenden, beharrenden Blick nicht draufhätten. Aber in ausgeprägter Form ist es evolutionär eher der Mann, der auch mit wildfremden Männern sein Alphaspielchen treibt. Diese Blickduelle üben heranreifende Männlein bereits in der Schule. Das geht so weit, dass das alleine oft reicht, um eine Schlägerei auszulösen. Diese visuellen Rangkämpfe finden unter Frauen nun doch seltener statt. Und wenn, dann töten ihre Blicke gleich.

Putin kann diesen Blick. Mit dem oben beschriebenen leicht vorgeneigten Kopf und seiner ihm innewohnenden Unbeweglichkeit in Mimik, Haltung und Gestik kann er ihm noch einen besonderen Nachdruck verleihen. Dabei ist diese Haltung als solche nicht mal besonders »schwierig« auszuführen. Es sind eher die sozialen Skrupel, die viele Menschen daran hindern. Wenn wir an der Bushaltestelle stehen und jemand drängt sich vor, ärgern wir uns eher still in uns hinein, als dass wir den Drängler mit einem stechenden Blick auf seinen Platz in der Reihe verweisen würden.

Deswegen hier für Sie zusammengefasst die drei Blickkontakt-Regeln für ein gutes Miteinander.

Regel Nummer 1: Ausdauer.

Schauen Sie Ihr Gegenüber lange an. Nein, noch länger. Weit länger, als der Satz dauert, den er gerade sagt. Genau dann, wenn er eine Antwort erwartet, bleiben Sie mit Ihrem Blick dran. Und schweigen. Und schauen weiter. Und weiter. Das bestärkt Ihre Beziehung. Ungemein.

Regel Nummer 2: keine Bewegung.

Starren heißt auch selbst starr bleiben. Halten Sie nicht nur Ihre Augäpfel unbewegt. Den vollen Effekt erzielen Sie erst, wenn Sie von Kopf bis Fuß, von den Haar- bis in die Zehenspitzen wie einbetoniert stehen bleiben. Das verstärkt Ihre sympathische Ausstrahlung. Auch ungemein.

Regel Nummer 3: Kopfneigung.

Sie sind nun schon wirklich vorne dabei, und mit dieser Regel können Sie auch den letzten Bann brechen: Neigen Sie Ihren Kopf ein wenig nach vorne. So blicken Sie Ihr Gegenüber auch noch aus tiefen Augen heraus an.

Schon klar, dass es Ihnen nicht aus dem Stand heraus gelingen wird, diese Regeln gleichzeitig umzusetzen. Deswegen üben Sie es. Am besten auf einem Hundespielplatz. Wann es so weit ist, dass Sie alle drei Regeln erfolgreich draufhaben, zeigen Ihnen dann Pitbulls. Verlässlich.

Das kann man sich merken

Im ersten Moment denkt man vielleicht, dass an Putins Stechblick so gar nichts Merkenswertes wäre. Und ob! Vor allem für Sie, meine Damen! Wenn Ihnen auf der Party ein halbstarker Reserve-Clooney zu nahe kommt, dann sollten Sie den Putin-Blick draufhaben. Halten Sie einen stechenden Blick mit unbewegter Körperhaltung genau auf den Typen gerichtet. Dann geht dem die Luft aus wie einer Hüpfburg nach Betriebsschluss.

Russisch Korsett

Putins Kopfbewegung ist sehr stabil. Da pendelt wenig, da dreht sich wenig. Im Musikantenstadl hätte man Wladimir, die alte Spaßbremse, gnadenlos aus der Schunkelreihe geschubst.

Halsschutz

Der Hals wird nahezu ausschließlich von Muskelsträngen geschützt (vgl. Merkel). Wenn wir uns also bedroht fühlen, spannen sich die

Muskeln rund um Wirbelsäule und Kehlkopf an und versteifen damit den Hals. Damit kann man den Kopf nicht mehr frei und locker nach allen Seiten drehen und kippen. Es kann also ein Zeichen von Angst oder auch Aggression sein, wenn ein Mensch seinen Kopf stur nach vorne richtet. Oder er hat einen Hexenschuss. Ja, das ist wichtig. Denn bitte jetzt nicht jeden Menschen, der geradeaus schaut, als Angsthasen brandmarken.

In jedem Fall ist eine Körperhaltung, bei der sich der Kopf frei und locker bewegt, ein Zeichen von Entspanntheit. Und umgekehrt. Putin zeigt mit seiner starren, nach vorne geneigten Kopfhaltung zu wenig Lockerheit, als dass wir ihn auf den ersten Blick als einladenden Menschen wahrnehmen würden. Er wirkt fast wie gefangen in seinem Muskelkorsett.

Stiff upper lip auf Russisch

Genau in dieses Bild passt, dass Putin beim Sprechen seinen Unterkiefer nur wenig bewegt. Fast nur aus den Lippenbewegungen können wir erkennen, dass er überhaupt spricht. So, als ob er wohl etwas sagen will, aber niemand sehen soll, dass er es war, der den Befehl gegeben hat. Wenn er einem Vertrauten etwas zuraunt, macht er das mit leicht gesenktem Kopf, dabei schaut er seinen Gesprächspartner nicht an. Der gesenkte Blick ist in sein Umfeld gerichtet. So, als wolle er sichergehen, dass auch bloß niemand zuhört. Da wir nun wissen, dass er ehemaliger KGB-Mann ist, läuft in unserem Gehirn sofort ein James-Bond-Film ab. Dabei ist das kein Putin-Unikum. Auch der Kollege, der sich in jedem Meeting eher im Hintergrund hält, wenn er etwas sagt, Worte nur durch zusammengepresste Lippen rausrückt und dabei beständig den Kopf gesenkt hält, würde bei uns ein Gefühl erzeugen von: »Der weiß doch mehr, als er verraten will …«

Lächeln? Pah!
Ist nur was für Schwächlinge

Wenn der Kollege dabei aber lächeln würde, würde es zumindest nicht verschwörerisch wirken. Aber genau das macht Putin. Er lächelt wenig. Ebenso wie der Mafiaboss, der Türsteher und der Militärgeneral. Ja, die lächeln alle weniger als der Durchschnitt. Weil sie einem evolutionären Erfolgsprogramm folgen. Kampfbereitschaft, Bedrohlichkeit und Stärke gehen nicht gut mit einem entspannten Lächeln einher. Deswegen wird bei einer Kneipenschlägerei so selten gegrinst. Ein ernstes Gesicht wirkt dominierender auf andere. Vor allem, wenn es mit einem leicht gesenkten Haupt und direktem Blickkontakt präsentiert wird, wie Putin das gerne macht – wenn er denn mal jemanden ansieht. Das war sogar mal ein Flirtsignal. Jahahahaaaa, ich weiß, liebe Damen, Sie denken jetzt, dass der Mann noch mit einem Bein im Neandertal steht. Mitnichten, Mit-nich-ten: mit beiden! Ein Mann, der mit so einer Mimik durch den Alltag geht, wird vielleicht nicht zum Kaffeekränzchen in die Höhle eingeladen. Aber die waren vor 200.000 Jahren ohnehin nicht besonders beliebt. Vielmehr waren wir ständig von irgendwas bedroht. Von wilden Viechern oder hungrigen Menschen, die unseren Kühlschrank plündern wollten. Wenn Sie, liebe Neandertalerin, einen lächelnden Schnuckiputz zum Mann genommen hätten, wäre zu befürchten gewesen, dass Ihr Kühlschrank ständig leer gewesen wäre. Sie hätten nämlich den Eindruck gehabt, der Nachbar müsse nur einmal böse zur Türe reinschauen, und schon würde Ihr Mann klein beigeben. Somit war über die meiste Zeit der menschlichen Entwicklung hinweg der Schnuckifaktor weniger wichtig als der Verteidigungsfaktor. In jedem von uns steckt also immer noch ein wenig das Bedürfnis, Kraft und Durchsetzungsfähigkeit bei Leithammeln zu erkennen. Allerdings ist es nicht immer gleich ausgeprägt. Das hängt nicht nur von der Persönlichkeit, sondern auch von den sozialen und ökonomischen Lebensumständen ab. Je prekärer, desto stärker. Besonders da, wo körperliche Kraft im Alltag eine wichtigere Rolle spielt als in unserer Smartphonewischgesellschaft.

In einem Seminar sprach ich übers Lächeln. Und wer mein Tun verfolgt, weiß, dass ich der Meinung bin, dass es in den meisten Kulturen mit dem Lächeln nicht gerade übertrieben wird. Dabei signalisiert es Verbindung und Ungefährlichkeit. Deswegen propagiere ich es. Besonders Männern lege ich ans Herz, öfter ein freundliches Gesicht zu machen. Um auch die letzten Zweifler unter den Jungs zu überzeugen, führte ich in dem Seminar das Argument an, dass sie bei Frauen ungleich bessere Chancen hätten, wenn sie mit einem lächelnden Gesicht durch den Alltag gingen. Meine Worte hatte ich noch nicht fertig gesprochen, da hob eine Dame aus der letzten Reihe an. »Stjeffan, das chist falsch. Fir mjich ist eine Mann, die lächelt, schwaach!« Die Litauerin hatte mir klargemacht, dass für sie ein Mann etwas anderes darstellen muss. Auch wenn die meisten Frauen im Seminar der Baltin widersprachen, hatte ich sie sofort verstanden.

Putin stillt mit seiner Mimik also ein Bedürfnis, das für viele Menschen ein hohes Gut ist: Sicherheit! Gerade in Notsituationen wünschen wir uns jemanden, der dies ausstrahlt.

Der steife Arm des KGB

Beim Gehen schwingt Putin einen Arm. Ja, Sie haben richtig gelesen. *Einen* Arm. Nämlich den linken. Der rechte hängt beim Gehen passiv nach unten. Über diese Eigenheit wird viel spekuliert. Im *British Medical Journal* wurde eine Studie veröffentlicht, gemäß der ein niederländischer Neurologe meint, herausgefunden zu haben, dass eine Zangengeburt der Grund für den unbewegten rechten Arm sei. Eine andere Möglichkeit sei eine Bewegungsbeeinträchtigung in der Kindheit. Auch die Parkinson-Krankheit könne dafür verantwortlich sein. Dass Putin körperlich fit ist und Judomeister in seiner Heimatstadt St. Petersburg war, lässt die Autoren dann doch selbst etwas ratlos zurück. Also doch der KGB. Putins Vergangenheit beim russischen Geheimdienst habe ihn zum unbewegten rechten Arm verleitet.

Als Agent sei es seine Aufgabe gewesen, ständig eine Hand in Gürtelnähe zu halten, um im Notfall die Waffe schnell ziehen zu können. Eine amerikanische Professorin, die sich mit der Körpersprache von Politikern beschäftigt, meint, in der Asymmetrie seiner Bewegungen die Kopf-Schwanz-Bewegungen von Reptilien zu erkennen. Und Reptilien würden schließlich auch ihr Territorium sehr aggressiv verteidigen. An Agent Wladimirs Körpersprache erkenne man, dass auch er sein Territorium, also Russland, sehr aggressiv verteidige.

Ich denke mal, dass die Vermuter dieser Vermutungen zu viele Agententhriller gesehen haben. Meines Wissens sind Agenten meist unbewaffnet, oder zumindest tragen sie ihre Knarren nicht öffentlich zur Schau. Der einzige Agent, der den Revolver am Gürtel trug, war John Wayne. Und der war Cowboy. Und im Wilden Westen. Und Schauspieler. Und gar kein Agent.

Uff, liebe Leser. Ich brauche jetzt eine kurze Pause … Genau das ist die Grenze, wo das Herumdeuteln an Körpersprache unseriös wird. Wir kennen den Grund nicht! Und damit begibt sich jeder, der meint, dieeeee Ursache dafür zu kennen, auf sehr, sehr dünnes Eis.

Die Deutung der Körpersprache hat nicht die Aufgabe, Ursachen zu kennen. Es geht um die Wirkung. Und wie wirkt ein Mensch, dessen rechter Arm beständig unbewegt nach unten hängt? Er wirkt inaktiv. Denn eine Verteidigung beim Angriff der Säbelzahntiger wäre damit nicht möglich gewesen. Es wirkt auch ein wenig steif. Lockerheit erkennen wir besonders an den wichtigsten Werkzeugen, die der Mensch zur Verfügung hat: am lockeren Baumeln, Bewegen und Gestikulieren der Arme und Hände. Und das fehlt Putin. Mit dem rechten Arm besonders.

Putins Finger immer am Abzug?

Wenn Putin seine Arme baumeln lässt, sind die Finger gerne mal gekrümmt. Nicht direkt eine Faust, aber kurz davor. Will er zuschlagen? Hat er den Atomzünder dabei? Vielleicht ein geheimes Abhörgerät? (Diese Einschätzungen sind für die Chemtrail-Jünger und andere Verschwörungstheoretiker.)

Für Sie, liebe Leserin, und ja, liebe Jungs, ich meine natürlich auch euch, die nüchterne Fakten statt Gedankenlametta bevorzugen, sei gesagt: wohl eher nicht. Es komplettiert vielmehr seine Grundhaltung, nämlich die zwar kraftvollen, aber sehr zurückhaltenden, ja bisweilen gehemmten Körperbewegungen. Damit haben wir das Gefühl, er wolle nicht so recht loslassen, nicht lockerlassen. Aus diesem Grund wird ihm schon mal ein Minderwertigkeitskomplex zugeschrieben, wie von seinem ehemaligen Studienkollegen Juri Schwez, Exgeheimdienstkollegen oder auch seinem Biografen Ben Judah. Wer weiß, wer weiß?! Ob die alle eine Expertise als Psychologen haben, lasse ich mal dahingestellt. Aus seiner Körperhaltung ist diese Diagnose jedenfalls nicht eindeutig feststellbar. Und doch darf sich Putin nicht wundern, wenn er den Eindruck der Gehemmtheit hinterlässt.

Auf Putin ist Verlass – körpersprachlich

In Interviews kann man Putins Emotionen schwer entschlüsseln. Er wirkt wie eine steife Marionette, wenngleich er auch seine eigenen Fäden in der Hand zu halten scheint. Was bedeutet es also, wenn sich Putin wieder mal regungslos gibt? Was will er damit sagen? Noch mal: Die Ursache kann man nicht mal annähernd an der Körpersprache festmachen. Viel mehr noch. Wenn wir sagen: »Wieder einmal hat Putin keine Regung gezeigt«, genau dann verliert diese Reglosigkeit an Bedeutung. Je beständiger nämlich ein Mensch eine körpersprachliche Bewegung oder Haltung praktiziert, desto weniger eindeutig kann sie einer einzelnen Emotion zugeordnet werden. Umgekehrt heißt das: Je seltener, je untypischer eine bestimmte Haltung ist, desto eher kann sie einer momentanen Befindlichkeit zugeordnet werden (vgl. Trump). Wenn ein Mann also seit jeher das Sonntagsfrühstück sehr einsilbig hinter seiner Zeitung verbringt und sich urplötzlich als unterhaltsamer, charmanter Gesprächspartner entpuppt, dann wäre das eine sehr untypische, vielleicht sogar überraschende Veränderung. Es könnte also seine aktuelle Befindlichkeit zeigen. (Wahrscheinlich hat er den Hochzeitstag vergessen.)

Wenn der Verkäufer im Baumarkt, der den Gruß seiner Kunden in der Regel nur mit einem müden Seitenblick quittiert, plötzlich die Augen aufreißt, ein Lächeln aufsetzt und beide Arme zur Begrüßung ausbreitet, dann dürfte wahrscheinlich sein Chef in Sichtweite sein. Wenn der Verkäufer die Kunden aber immer mit offenem Blick, einem Lächeln und einladender Gestik begrüßt, kann das einer Emotion aufgrund einer Situation oder eines bestimmten Kunden nicht mehr zugeordnet werden. Es ist sozusagen eine körpersprachliche Gewohnheit.

Würde Putin seinen Kopf also häufig und vielfältig bewegen und plötzlich in eine starre Kopfhaltung verfallen, könnte das unter Umständen (!) einer bestimmten Aussage, Situation oder einem Gefühl zugeordnet werden. Nachdem er diese unbewegte Haltung aber nahezu immer beibehält, dürfte wohl eine Grundhaltung die Ursache dafür sein. Nämlich die, ein Mensch zu sein, der lieber hinter der Bühne die Fäden zieht, als im Rampenlicht zu glänzen.

In gewisser Weise ähnelt Wladimir Putin der deutschen Kanzlerin Angela Merkel. Er ist weniger der flexible Gestikulierer als vielmehr ein Vertreter der stabilen Rautenfraktion.

Der Kreml ist nichts für Zwerge

Wenn Putin eine große Rede hält, wie die zur Lage der Nation, dann nutzt er dazu den Georgijevskij-Saal im Kreml. Dieser Saal gehört wohl zu den schönsten Relikten aus der Zarenzeit. Allein die Dimensionen des Raumes sind beeindruckend. Die Decke ist enorm hoch, die Grundfarbe des Raumes ist strahlend weiß, verziert mit Gold und Malereien. Eine gewisse Entrücktheit ist zu spüren. Vor allem, wenn man es mit den durchschnittlichen Behausungen der russischen Bevölkerung vergleicht. Allein dadurch wirken Putins Ansprachen schon anders, als würden sie, sagen wir mal, in der Tiefgarage eines Moskauer Güterbahnhofs

stattfinden. Seine Auftritte sind natürlich gut vorbereitet. Das Publikum sitzt streng aufgereiht in Stuhlreihen vor einem Podest mit Rednerpult. Der Ablauf ist immer gleich. Zuerst müssen sich die Geladenen gedulden, bis sich Putin die Ehre gibt. Ein Machtsignal, denn selbst die, die in ihren Ministerien oder Ämtern andere warten und antreten lassen, müssen nun auf den Chef warten. Wenn der Moment gekommen ist, wird Putin von einem Sprecher angekündigt. Die Flügeltüren, eigentlich wirken sie wie Portale, werden von zwei uniformierten Männern geöffnet. Die Türgriffe sitzen sehr hoch, was dem Ganzen eine noch gigantischere Dimension verleiht. Kaum sind die Türen offen, sieht man Waldimir Putin an der Türschwelle. Und da offenbart sich, dass er kein Talent für diese Inszenierung der Großartigkeit hat.

Zum einen wirkt der eher kleine Mann (ca. 1,70 m) in dieser gigantischen Türfüllung noch kleiner. Zum anderen nimmt er die Herrschaftlichkeit der Inszenierung nicht auf. Dazu müsste er das Rampenlicht kurz auf sich wirken lassen, einen erhabenen, also erhobenen Blick in die Runde schweifen lassen. Eventuell noch einen angedeuteten Handgruß in die Runde schicken, um dann gemessenen Schrittes aufs Podest zu gehen. Stellen Sie sich einen durchschnittlichen Papst vor, und Sie verstehen. Putin aber startet sofort los, mit schnellen, fast eiligen Schritten, wie ein Sekretär, der noch schnell einen Termin zu erledigen hat. Sein Blick geht fast ausschließlich in Richtung Boden und Ziel, also zum Rednerpult. Nur ganz kurz schaut er die Menge an. Von Größe keine Spur. Von Gruß auch nicht.

Am Rednerpult angekommen, schaut er verstohlen und mit gesenktem Kopf kurz ins Publikum, um sich dann sofort in seine vorbereiteten Unterlagen zu vertiefen. Wo ist beim Reden der Blick mit erhobenem Kinn, die gemäßigten, royalen Bewegungen? Wir kennen sie von der Queen, aber auch von einem Obama. Der Trick dabei wäre ein Teleprompter. Jene durchsichtigen Scheiben, auf denen der Text abläuft. Links, auf etwa 10 Uhr und rechts auf etwa 14 Uhr vorm Pult platziert. Wenn Putin nun ein paar Zeilen vom linken Screen und ein paar vom rechten ablesen würde, wirkte er dabei, als würde er frei reden und dabei das gesamte Publikum direkt ansprechen. Es gibt keinen technischen Grund, das Gerät nicht zu verwenden. (Lieber Wladimir, vielleicht sollten Sie sich auf YouTube mal ein paar Obama-Reden reinziehen.) Putin dürfte sich einfach wohler fühlen, wenn er die Menge nicht anschauen muss.

Diese ganze Inszenierung macht am Reißbrett durchaus Sinn. Seine Berater wollen ihm wohl den Nimbus des Herrschers verleihen, der über den Alltagsthemen zu stehen scheint. Der Anklang an das Zarentum ist deutlich erkennbar. Wenn er seinen dunklen Anzug gegen eine Robe eintauschen würde, man fühlte sich ins 19. Jahrhundert zurückversetzt.

Wobei der Mangel an gefühlter Volksnähe nicht unbedingt negativ sein muss. Als Alphatier hat es durchaus Vorteile, ein wenig Abgehobenheit und Entrücktheit vom Volk zu zeigen. Es weckt nämlich durchaus Bewunderung und Begehrlichkeit. Aber wie so oft beziehen Organisatoren die körpersprachlichen Eigenschaften des Protagonisten nicht ausreichend mit ein. In der Theorie wollen sie Putin etwas von der Großartigkeit der Inszenierung zuteilwerden lassen. Oder vielleicht auch nur, weil es einfach Usus ist. Sie setzen sozusagen einen Rahmen der Herr-

schaftlichkeit. Leider ist dieser *Frame* zu groß für Putins Persönlichkeit. Ich denke, dass eine etwas kleinere Inszenierung Putin
gut anstünde. Er würde einfach größer wirken.

Erkenntnis

Stärke und Durchsetzungskraft – Putin demonstriert es

Wladimir Putin verkörpert den starken Macher ungemein gut.
Er signalisiert wenig Diskussionsbereitschaft, indem er Augenkontakt meidet und seinem Gegenüber »die Stirn bietet«. Er
zeigt kaum Reaktionen auf die Worte seiner Gesprächspartner
und steuert verbal direkt, ohne Nettigkeiten, auf die Beseiti-
gung des Problems zu. Genau das will man in Notsituationen
verspüren. Der Nachteil ist, dass er sich nahezu ausschließlich
auf diese Wirkung versteift hat. Würde er öfter mal Signale der
Sympathie, Entspannung und Lockerheit aussenden, wäre seine
Wirkung vielfältiger, und mehr Menschen würden emotional
Zugang zu ihm finden. Man würde ihm dann wohl seltener den
weltpolitischen Schwarzen Peter zuspielen.

Christine Lagarde

Glamouröse Jagdpartnerin

»Die Genderdebatte ist doch erledigt, come on – die dürfen wählen und Auto fahren. Und sie haben es besser als vor 50 Jahren! Also, was gibt's noch zu meckern? Muss es wirklich gleich ein Top-Job sein?«

Mal ganz ehrlich, diese Einstellung ist ja wohl die Kik-Plastik-tüte unter den Gleichstellungsargumenten. Allein dass Christine Lagarde nur eine von zwei Frauen auf 256 Seiten ist, beweist, dass das Thema längst nicht vom Tisch ist. Warum sonst sitze ich hier als Autor und zerbreche mir den Kopf darüber, wie ich die Kapitel so anordne, dass der Männerüberhang in der politischen Weltelite nicht gar so auffällt, ohne als »Frauenversteher« oder Feminist mit latentem Hang zur Frauenquote dazustehen?

Hierarchien wurden von Männern erfunden. Das war damals, in Urzeiten, als Idee ganz okay, da diese kraftbedingt in der Gruppe den Ton angaben. Wenn beim Angriff der Mammutherde nicht klar war, wer Befehle erteilt und wer sie zu befolgen hat, Freunde, da wäre schnell Schicht im Schacht gewesen. Dafür brauchte es eben einen kräftigen Ober und viele Unter. Und wissen Sie was? Die meisten Unternehmen, Vereine und Staaten sind heute genauso organisiert. Ober, Nicht-mehr-ganz-Ober, Noch-weiter-drunter-Ober, Halb-Ober und dann ganz viele Unter.

Wer es zum Ober schaffen will, muss sich in dieser Hierarchie durchsetzen. Frauen müssen da das Doppelte leisten, denn dieser Setzkasten an Befehlsebenen ist eben eine Männererfindung. Sie müssten sich folglich auch dieser Männererfindung anpassen. Klares Autoritätsgehabe, strenge Bekleidungsregeln und die Weiblichkeit nur ja nicht zu sehr betonen, das sollen ja die fixen Karriereregeln für Frauen sein. Sagt man.

Aber wissen Sie was? Wenn wir Madame Lagarde fragen, wird ihr das völlig egal sein. Weil sie sich darüber garantiert nicht ihren Kopf zerbrechen würde.

Nix, gar nix davon, trifft auf Christine Lagarde zu. Und sie hat sich zu einer der mächtigsten Menschen – nicht Frauen (!) – der Welt hochgearbeitet. Sie war in Frankreich Wirtschafts- und Finanzministerin, eigentlich ausgemachte Männerdomänen. Seit 2011 ist sie Direktorin des Internationalen Währungsfonds. Und dieser Job wurde sicher nicht nach Frauenquote vergeben. Worin liegt also Madames Erfolgsgeheimnis? Ganz sicher auch in ihrer zweifellos wirkungsvollen Körpersprache.

Haltung zeigen

Zunächst einmal fällt bei Christine Lagarde ihr elegantes, würdevolles Auftreten, ja fast eine Erhabenheit, auf. Man könnte sagen: Sie hat Grandezza! Erhabenheit geht einher mit einem Sich-erheben. Und das tut sie. Zum einen schon durch ihre Körpergröße.

Große Menschen haben einen Vorteil, und Lagarde ist da auf die Butterseite gefallen. Die meisten Frauen sind mit durchschnittlich 1,67 m im deutschsprachigen Raum eben deutlich kleiner als Männer. Diesen Nachteil kann ich beim besten Willen nicht wegargumentieren. Merkt ihr was, Mädels? Es schaut nicht gut für euch aus! *zeigtdieArschkarteundsteigtvomSchemel*

Christine Lagarde überragt mit 1,80 m nicht nur die meisten Frauen, sondern auch die meisten Männer. Denn die sind im Schnitt 1,78 m groß (wiederum im deutschen Sprachraum).

Aber das alleine würde ihr noch nicht die Erhabenheit verschaffen, die sie ausstrahlt. Dazu braucht es einen weiteren Faktor: Sie hält sich sehr aufrecht. Ihr Eigengewicht wird damit effektiv Richtung Boden abgeleitet. Somit müssen ihre Muskeln nicht viel Arbeit leisten, um den jeweils oberen Körperteil zu stützen.

Am Beispiel ihres Kopfes sieht man, dass Lagarde ihr Haupt sehr gerade über dem Hals hält. Würde sie den nur ein klein wenig nach vorn gebeugt halten, müssten die Nackenmuskeln ständig ziehen, um ihn zu halten. Bei ihr liegt der Kopf genau in der Linie der Wirbelsäule und wird damit besonders energieeffizient gestützt. Sie erinnert da an jene indigenen Frauen, die Krüge und Gewichte auf dem Kopf tragen. Wer da nur ein wenig buckelig daherkommt, kann maximal eine Sunkist-Packung nach Hause balancieren. Ich vermute mal, dass diese Frauen und Christine Lagarde keine Probleme mit ihren Bandscheiben haben. Warum? Weil diese Probleme immer von einer zu starken Verkrümmung der Wirbelsäule herrühren. Nun haben wir allerlei Ausreden, warum unsere Wirbelsäule gekrümmt ist. Weil wir zu viel sitzen, weil wir ständig den Einkauf tragen oder seit Jahren unseren Ehepartner er-tragen müssen. (Das drückt. Ich weiß.) Wollen wir mal raten, wer mehr Zeit in Sitzungen sitzt? Sie oder Christine? Und haben Sie eine Ahnung, welche Männer Lagarde ertragen muss? Forsten Sie mal die Entscheider der Mitgliedstaaten des Internationalen Währungsfonds durch. Eigentlich müsste die Gute auf allen vieren daherkommen.

Ob sie sitzt oder steht, ihre Haltung ist aufrecht. Das wirkt erhaben. Erhaben über »niedrige« Tätigkeiten. Was »niedrige« Tätigkeiten sind, wollen Sie wissen? Das kann jede Tätigkeit sein, wenn man sie ohne Erhabenheit macht. Machen Sie mal ein Selfie beim Bodenwischen oder Kloputzen. Erst wenn Sie dabei den Putzeimer auf dem Kopf balancieren können, sind Sie erhaben. Und wenn Ihre Putzfrau mit einer Erhabenheit wie Lagarde zum Putzen erscheint, dann hat sie das Kommando bei Ihnen zu Hause bereits übernommen.

Christine nutzt damit auch ihre 1,80 m voll aus. Sie überblickt nicht nur alles. Viel wichtiger ist, dass sie damit auch im Fokus steht. Sie sticht nämlich aus der Gruppe hervor. Das macht sie ganz natürlich zum Hingucker.

Kombiniert mit ihrer aufrechten Haltung, verleiht ihr das eine ungeheure Dominanz und Sichtbarkeit. Ist das nun eher selbstbewusst oder doch mehr überheblich? Beides ist möglich, denn sie bewegt sich *on the edge*.

Das kann man sich merken

Wer Erhabenheit und Eleganz zeigen will, muss das vor allem mit seiner Haltung tun. Den Eindruck zu erwecken, für körperliche Tätigkeit – sei es Arbeit oder Kampf – bereit zu sein, ist in diesem Fall kontraproduktiv. Eine gewisse Erhabenheit ist für uns selbst und für die Umwelt ein faszinierendes Signal. Und dafür brauchen Sie kein jahrelanges Training als Synchronschwimmerin wie Madame Lagarde. Natürlich hilft das, aber mit etwas Bewusstsein und Übung können wir alle eine Menge an unserer Haltung verbessern.

Aber Achtung: Wenn Sie beim nächsten Mädelsabend damit übertreiben, werden Sie gaaaaanz schnell als arrogant rüberkommen. Wer nämlich zu sehr nach Signalen der Erhabenheit und Eleganz strebt, bewegt sich immer an der Grenze zu: »Ich steh etwas über den anderen.«

Die Hinterseite der Medaille

Noch etwas zeigt ihre Körperhaltung: Sie wäre im Dschungel nicht überlebensfähig. Jaaaaa, wenn Sie sich jetzt gerade in meinem Frauenlob so schön eingerichtet haben, erinnere ich wieder dran: kein Signal ohne zwei Seiten. Wenn nämlich der Säbelzahntiger auf Frau Lagarde zugestürmt wäre und sie ihn mit ihrer aufrechten Haltung empfangen hätte, dann hätte der ein leichtes Spiel gehabt. Einen wohlerzogenen Aristokratendalmatiner hätte sie damit vielleicht ins Körbchen komplimentiert. Säbelzahntiger, Braunbären und menschliche Feinde nicht! Denn dazu hätte sie ihre Beugemuskeln vorspannen müssen. Stellen Sie sich Ringkämpfer vor, kurz bevor sie übereinander herfallen. Die umkreisen sich etwas vorgebeugt, mit angewinkelten Armen und leicht gebeugten Knien. Nur mit dieser gebeugten Haltung haben die Streckmuskeln genug Spielraum, um nach vorne zu schnellen, einen Schlag auszuführen oder die Flucht anzutreten. Eine so gerade Haltung, wie sie Christine Lagarde zeigt, gibt den Streckern dazu keine Möglichkeit.

Aber genau mit dieser Haltung zeigt sie wiederum Überlegenheit. Lagardes Körpersprache signalisiert: Sie geht offenbar davon aus, dass niemand es wagt, sie anzugreifen.

Mann? Frau? Wer weiß …

Ja, ja, ich weiß, sie *ist* eine Frau, und im Vergleich zu Angela Merkel zeigt sie das auch eindeutig. Tun Sie das nicht als selbstverständlich ab, liebe Leser. Da schwingt nämlich ein grundlegendes Problem von uns Menschen mit. Wir gehören zu jenen »Tieren«, die sich von außen im Geschlecht nahezu gar nicht unterscheiden. Denken Sie an einen Pfau oder an Löwen. Da erkennen Sie auf 10 Kilometer, wer Männlein und wer Weiblein ist. Wir Menschen haben keine so eindeutigen Unterscheidungsmerkmale. Wir müssen schon unsere Babys farblich codieren. Mädchen rosa, Jungs himmelblau. Sie wären auf den ersten Blick nicht eindeutig identifizierbar. Nun ist das im Kindesalter nicht so wichtig. Sobald es

aber ans Reproduzieren geht, wäre zu viel Werbungsaufwand bei einer 50-prozentigen Fehlerquote ineffizient. Stellen Sie sich vor, damals zu Urzeiten, da waren wir alle – Männer wie Frauen – über und über mit Haaren bedeckt. Ähnlich wie Menschenaffen im Zoo, auch da fällt es schwer, auf den ersten Blick das Geschlecht zu erkennen. Sie schicken also Ihrer Höhlendame rote Rosen, tanzen stundenlang ums Feuer, um sie zu beeindrucken, und legen ihr heimlich den besten Mammutbraten vor ihre Behausung, nur um ihre Liebe zu erobern. Und beim ersten Annäherungsversuch bemerken Sie, dass die aufwendig Umworbene Hermann heißt. Verstehen Sie mich nicht falsch. Es wäre ja okay, wenn Sie als Urzeitmann mit Hermann eine romantische Beziehung eingegangen wären, aber New York hätten wir damit nie voll bekommen.

Geschlechtsunterschiede

Wenn Sie das Foto oben betrachten, werden Sie auf Anhieb nicht erkennen, ob es sich um eine Frau oder einen Mann handelt. Wir haben also sehr früh gelernt, uns nach außen hin zu unterscheiden. Spätestens ab der Pubertät zeigen wir sehr effektiv, als welches

Geschlecht wir wahrgenommen werden wollen. Ein beliebtes Mittel zur deutlichen Unterscheidung ist die Schminke. Frauenhaut bleibt ein Leben lang dünner als Männerhaut. Die Blutgefäße liegen also näher an der Oberfläche. Somit stechen besser durchblutete Stellen klarer hervor. Auf diese Weise wirkt die Oberfläche, vor allem im Gesicht, kontrastreicher: das Rot der Wangen, die Farbe der Lippen und die Kinnpartie. Wenn Frauen erröten, erkennt man das meist deutlicher als bei Männern, deren Haut etwas dicker ist und somit fahler wirkt. Schminke betont genau diesen Unterschied. Früher waren es Erd- und Pflanzenfarben. Heute sind es eben Rouge, Lidschatten, Lippenstift. Auch unsere Kleidung unterscheidet sich. Frauenkleider sind anders geschnitten. Sie betonen meist den kleinen Wandel, den der weibliche Körper ab der Pubertät durchläuft. Die Brust wächst, und die Hüfte wird etwas breiter. Taillierte Oberteile und hüftbetonte Beinkleider erledigen das mit Bravour.

Das wichtigste Unterscheidungswerkzeug aber ist die Körpersprache. Grazilere Bewegungen, geschwungenere Körperhaltungen, den Kopf tendenziell seitlich gehalten, das Handgelenk aufgeklappt, die Hüfte ausgestellt, mit den Fingern durchs Haar gleiten, am Ohrläppchen spielen, in die Drosselgrube fassen – und schon ist es für uns eine Frau. Auch wenn die Frau Conchita Wurst heißt, Vollbart trägt und ein Mann ist. Wir ordnen »sie« als Frau ein.

Sie wollen noch mehr? Das weibliche Arsenal an geschlechtsspezifischen Signalen ist unglaublich groß. Lagarde ist eine Meisterin darin.

Sie ist von der oftmals beschworenen Vermännlichung meilenweit entfernt. Eine nackte Hautpartie ist nur der Anfang.

Was das Knie mit dem Busen zu tun hat

Chère Christine lehnt sich mit ihrem Kleidungsstil ziemlich aus dem Fenster. Sie zeigt nämlich Knie! Dabei hämmern uns Style-Experten doch immer ein: Das unbedeckte Knie hat im Business und in der Politik nix zu suchen.

Das Gehirn neigt zum Verwechseln

Das weibliche Knie ist ein Signal, das Frauen zur Verfügung steht, ohne dass sie etwas dafür tun müssen. Ja, genau. Das Knie ist schon für sich genommen ein Signal. Das Körperfett im weiblichen Körper ist gleichmäßiger verteilt als das von Männern. Zudem haben sie ein wenig mehr davon. Damit erscheinen manche Körperteile runder und weicher als bei Männern. Untersuchungen belegen, dass die meisten Männer in Bildausschnitten nicht unterscheiden können, ob sie ein Knie, eine Schulter oder den Ansatz der weiblichen Brust sehen. Für sie sind das alles runde, haarfreie Körperstellen. Hormonell entscheiden sie sich meist für das, was das größte Hosanna in der Birne auslöst. Wollen Sie gleich eine Arbeitsgruppe bilden, welche Stellen das sein könnten? (Ich sag's gleich: Frauen können es auch nicht besser unterscheiden, nur ihre Birne stimmt deswegen kein Hosanna an.)

Das dürfte wohl auch der Grund sein, warum Stylisten empfehlen, die Knie bedeckt zu halten. Es würde das rationale Denkvermögen wohl zu sehr beeinflussen. Das der Männer.

»Was hat denn bitte ein Mann zu melden, wenn es um meine Kleidung geht? Ich zieh an, was mir gefällt!« Sie, liebe Leserin, stimmen in diesen befreienden Gedanken mit ein. Sie jubilieren und sagen: »Genau, wir lassen uns nix vorschreiben! Wir pfeifen auf das Diktat der Männer.« Stimmt, das ist doch archaisches Gefasel. Da sind wir doch heute schon viel weiter! Sie und ich. Uns ist es doch egal, ob jemand mit Minirock, hohen Hacken, Dekolleté, bauchfrei und Bling-Bling zum Bewerbungsgespräch erscheint. Uns geht es ja nur um die inneren Werte. Aber glauben Sie mir: Es gibt oberflächliche Menschen, die schauen auf so was. Ich weiß, das sind Seelenlose. Wir zwei, Sie und ich, lassen uns davon nicht irritieren. Auch nicht von Männern, die mit Hemd bis zum Nabel aufgeknöpft, hautengen Jeans, die im Schritt deutlich zu eng sind, und prolliger Protzuhr daherkommen. Bei denen achten wir auch nur auf die inneren Werte. Sie und ich.

Na? Klingelt's? Alle lassen wir uns von dem beeinflussen, was ein Mensch trägt. Es ist immer eine Insignie für die Einordnung. Und deswegen verstehe ich diese Rocklängenregel. Aber nur zum Teil. Denn gute Stylisten können immer nur eine allgemeingültige Benchmark setzen, die man nicht unterschreiten sollte. Aber hervorragende Vertreter ihrer Zunft nehmen den gestylten Menschen als Ganzes wahr.

Und da ist Frau Lagarde eine der hervorragenden Selbststylerinnen. Ja, wahrscheinlich trägt sie ihre kurzen Röcke, weil sie sich darin gefällt. Denn sie scheint mit diesem Knieverbot ja nicht aus ketzerischen Revoluzzergründen zu brechen. Dafür ist es nun doch zu bourgeois.

Die französische Silberhaareleganzlerin macht es uns vor: Man muss nicht alle Diktate erfüllen und kann trotzdem elegant wirken. Umgekehrt allerdings entfaltet die Aussage noch weit mehr Kraft: Selbst wenn alle Kleidungsregeln beachtet werden – letztlich ist die Körpersprache des Trägers entscheidend.

Auch wenn man sich die gleichen Kleider wie Christine Lagarde eins zu eins bei Zalando bestellt, wird die Wirkung erst dann eintreten, wenn man versteht, wie man sie zu tragen hat. *Wie* man etwas trägt. Nicht *was*!

Schick, aber fluchtunfähig

Ach herrje, ich muss gleich wieder mit der Evolutionskeule kommen. Denn ein kurzer Rock behindert in der Körpersprache. Punkt. Kommt der Säbelzahntiger ums Eck, können Sie damit niemals so flink sein wie mit Leggings. Für Kampf und Flucht ist der Rock also denkbar ungeeignet. Daher sind beim olympischen 100-Meter-Damenfinale enge Miniröcke so selten zu sehen. Zudem verhindert der kurze Rock, sich breitzumachen. Also verstehen Sie mich nicht falsch, Sie könnten sich mit einem weiten Minirock schon breitbeinig ins Meeting setzen … Ach, lassen wir das.

Beides, Aktivitätsbereitschaft und Territorialansprüche, sind Signale, die wir von Alphatieren erwarten, weil sie uns Sicherheit vermitteln. Das gilt auch für eine Lagarde. Mit ihrem Kostüm-

chen kann sie aber weder schnell laufen noch sich breitmachen. Für so manche Sitzhaltung eignen sich Hosen darum besser.

Um keine Einblicke zu gewähren, nimmt Christine Lagarde deswegen beim Sitzen auch die einzig mögliche Haltung ein, nämlich eine enge Beinstellung. Sie überkreuzt ihre Beine oder stellt sie sehr eng aneinander und legt sie dann oft ein wenig zur Seite. Das zeigt zum einen große Zurückhaltung, ja fast Verschlossenheit.

Gleichzeitig aber ist es ein Weiblichkeitssignal. Mit dem Umlegen der Knie entsteht eine geschwungene Linie. Beginnend bei ihren Füßen, neigen sich die Knie zur einen Seite, die Hüfte wiederum liegt genau über den Füßen. Somit schwingt die Blickachse wieder von den Knien weg auf die andere Seite. Unbewusst betont sie damit nicht nur ihre Knie. Auch ihre Hüfte rückt damit mehr in den Fokus. Genau das ist eines der ersten Unterscheidungsmerkmale zwischen den Geschlechtern: das etwas breitere Becken der Frau. Und wenn Frauen ihre Weiblichkeit betonen, stellen sie ihr Becken eben ein wenig aus. Würde Donald Trump genau so dasitzen, wäre das zumindest bemerkenswert.

Mit Schwung positioniert

Aus dieser geschwungenen Körperhaltung ergibt sich, dass Lagardes Körper zum Teil etwas seitlich gedreht ist. Beobachtet man Fotos in Social Media, und solche Beobachtungsstudien betreiben Forscher professionell, bestätigt sich das Bild. Frauen blicken öfter von der Seite (oder von unten) in die Kamera. Sie sitzen eher seitlich oder drehen im Stehen den Körper leicht ein. Der Grund dürfte auch in der weniger konfrontativen Haltung liegen. Die »Konfrontationsposition«, so nennt man es, wenn sich zwei Menschen genau gegenüberstehen, wirkt einfach angriffiger. Frauen haben aber körperlich weniger Kraft zur Verfügung als Männer, daher tragen sie Konflikte auch weniger offensichtlich aus. Sichtbar an der Körpersprache. Somit liegt eine eingedrehte Haltung auf der Hand. Das heißt nicht, dass Männer mit der frontalen Position den Konflikt suchen. Aber sie zeigen an: Ich bin für den Fall des Falles kräftig genug. Und das scheint auch auf Frauen zu wirken. Werden Frauen befragt, welche Profilfotos auf sie attraktiv wirken, tendieren sie zu Männern, die eher frontal und gerade zur Kamera positioniert sind. Umgekehrt bevorzugen Männer eher jene Frauen, die im Winkel (oder von unten) in die Linse blicken. Somit erfüllt Christine Lagarde ein weiteres Signal, das wir eher mit Weiblichkeit verknüpfen.

Diese Signale tun ihr auch ganz gut. Denn ihre gerade, aufrechte Haltung wirkt einigermaßen dominant. Ohne diese weichen Signale würde sie unnahbar wirken.

Bling-Bling

Logisch, Schmuck ist in erster Linie zum Schmücken da. Tiefer geblickt, erfüllt er seit Menschengedenken zwei Funktionen. Zum einen ist er natürlich ein Statussymbol. »Seht her, mit solchen Kleinigkeiten wie Überlebenskampf gebe ich mich gar nicht mehr ab.« Zum anderen zeigt er die Geschlechtszugehörigkeit an. Beides nutzt Christine Lagarde für ihre Zwecke.

Während Angela Merkel mit Modeschmuck à la »Schland-Kette« wohl nicht mal als Zuschauerin zur Mailänder Fashion Week eingeladen werden würde, spielt die Französin Christine in einer ganz anderen Liga. Mehr noch: Sie wäre wohl eher eine Kandidatin für den Laufsteg als für die Zuschauertribüne.

Ihre Halskette ist oft alles andere als zurückhaltend. Sie zeigt damit nicht nur ihren sozialen Status. Denn bei ihr ist nix mit Modeschmuck. Dieser Schmuck ist echt. Und teuer.

Vor allem aber erfüllt eine Halskette die Aufgabe, den Blick zu lenken. Nämlich in Richtung Hals. Bei längeren Ketten auch Richtung Dekolleté. Bevor Sie hier mit Ihren Gedanken zu tief sinken, sei noch mal erinnert, dass es auch da vor allem darum geht, den Unterschied zwischen den Geschlechtern zu demonstrieren. Einfach gesagt: Sie zeigt damit, dass sie eine Frau ist. Bei Männern sind eben lange Halsketten selten zu sehen. Und wenn, dann baumelt unten ein Cartier-Panther dran. Verborgen im Brusthaar.

Bei Madame Lagarde ist nix verborgen, weder am Hals noch an den Ohren. Ihre Ohrringe sind groß, bisweilen opulent. Mal trägt sie lange Gehänge aus Edelmetall, mal große weiße Perlen.

Ein unterschätztes Körperteil

Nun ist Ohrschmuck eher Frauendomäne. Zwar wird bei manchen Völkern Ohrschmuck auch von Männern getragen, doch Frauen setzen dort immer noch eins drauf, damit auch wirklich klar ist, wer hier das Weibchen ist.

Die Ohren sind eine sehr sensible Körperstelle. In der traditionellen chinesischen Medizin haben Ohrläppchen wegen ihrer vielen Nervenbahnen einen großen Stellenwert. Bei Frauen sind sie besonders empfindsam, da bei ihnen die Nerven dichter unter der Hautoberfläche liegen. Das ist somit eine geeignete Hautstelle, um sich selbst zu stimulieren. So fassen sich Frauen gerne mal ans Ohrläppchen, wenn sie einen angenehmen Hormonzustand zusätzlich verstärken wollen. Bei romantischen Szenen in einer Hollywood-Schmonzette, bei der emotionalen Erzählung der Freundin, ja, auch wenn der örtliche Cristiano Ronaldo im Wet-T-Shirt-Contest sein Sixpack durchscheinen lässt. Überall da kann man zuweilen beobachten, wie Frauen das Ohrläppchen sanft zwischen Zeigefinger und Daumen massieren. Nachdem Ohrringe genau diesen Körperteil auf geradezu außerordentliche Weise ins Rampenlicht rücken, scheinen sie so etwas wie ein Signalkörper zu sein: »Schau her: sehr sensible Stelle. Liebe Männer, beschäftigt euch damit!« Bei Frauen ist das deutliche Betonen durch Ohrringe daher vor allem eines: ein Unterscheidungsmerkmal.

Beim Mann dienen die Ohrringe eher als Signal der Gruppenzugehörigkeit. Als Stimulanzareal spielen die Ohrläppchen bei ihm eher in der Kreisliga.

Femme totale

Liebe Leserin, sind wir ehrlich: Frau Lagarde zeigt nicht nur Weiblichkeit, sie macht auf Tussi! Kurze Röcke, Hüfte ausgestellt, großer Bling-Bling-Schmuck – da sind wir doch irgendwo zwischen Vorstadtproll und Neureichtussi. »Mein lieber Autor, seien Sie doch still«, wenden Sie jetzt ein. »Wo werden Sie denn als Mann eine Ahnung haben, wo Tussi aufhört und Dame be-

ginnt? Lagardes Schmuck ist hochwertiger als Prollklunker, ihre Kleidung ist elegant und kommt nicht von KiK.« Stimmt alles, aber das macht nicht den Unterschied aus. Ich kann Sie beruhigen, selbst wenn die oberste Geldzählerin mit Plastikkette und Versandkatalogkleid daherkäme, strahlte sie enorm viel Eleganz aus. Lagarde ist von der Tussi so weit entfernt wie ein Pixie-Buch von Dantes *Göttlicher Komödie*.

Christine Lagarde ist eine attraktive Frau. Nun sind ja Geschmäcker verschieden, aber vielleicht, liebe Leserinnen und Leser, können wir uns drauf einigen, dass sie schönheitsmäßig in der Weltpolitik zum oberen Drittel zählt. »Bei Frauen kommt er sofort auf die Schönheit zu sprechen. Was'n das für ein Chauvi!«, höre ich Sie rufen – bis in meine Schreibstube. Legen Sie Ihre Waffen nieder, meine Damen! Frau Lagarde weiß, was sie tut. Sie betont ihre Attraktivität, was wohl als Statement zu verstehen ist. Wenn Putin oben ohne seine Muckis zeigt, ist das auch ein Statement – und zwar eines, das die Männlichkeit betont (vgl. Putin). Das alleine bietet keine politischen Inhalte, und doch setzt Lagarde ein wenig darauf. Aber es tut ihrem selbstbewussten Auftritt keinen Abbruch. Denn sie kombiniert diese Signale mit Signalen der Überlegenheit.

Genau! Jetzt wird's spannend! Also, liebe Leserin: Röckchen an, Ohrringe rein, und zack, klappt's mit der Beförderung?

Neiiiiin, so einfach geht's nun doch nicht! Vielleicht fällt der örtliche Filialleiter von Aldi auf so was noch rein, aber in der politischen Champions League reicht das nicht. Christine Lagarde kombiniert ihre Féminité extraordinaire mit etwas eher Ordinärem. Sie grapscht wie ein Kerl.

Chauvi im Chanel-Kostüm

Madame fummelt. Und das nicht zu knapp. Und zwar an allen möglichen Körperstellen.

Zur Begrüßung legt sie schon mal beide Arme um die Schultern ihres Gegenübers. Wenn der, was bei ihr nicht selten vor-

kommt, auch noch kleiner ist, umschlingt sie ihn gleich von oben. Vor allem bei Männern kennt die Gute nix. Denen tippt sie schon mal auf den Oberkörper oder legt gleich die ganze Hand auf die Brust ihres Gegenübers. Wir beide, Sie und ich, machen jetzt mal ein Gedankenexperiment: Wir stellen uns mal einen x-beliebigen Mann vor. So einen richtig maskulinen, großen Typen, keinen Dalai-Lama-Verschnitt. Dieser Mann würde zur Begrüßung beide Arme um eine Frau legen, die er eigentlich siezt. Er würde beim Plaudern eine Hand auf die Schulter der

Frau legen und mit der anderen den Oberarm der Frau ergreifen und nicht mehr loslassen. Jaha, da ist fertig mit Schönschreiben. Na? Kommt da ein klitzekleiner Chauvi-Gedanke auf? Genau das sind Gesten, die wir von der Silberhaarfranzösin kennen.

Warum aber ist diese Berührung in vielen Fällen so unangenehm? Erst mal, weil sie es als großer Mensch von oben macht. Und es ist auch die Nähe, die die Gänsehaut aufkommen lässt. Aber nicht durch die Erregung.

Empfindsame Hülle

Unsere Haut ist das älteste und größte Sinnesorgan. Sie umschließt uns vollständig. Über die Haut nehmen wir viel mehr wahr als nur Luftbewegungen, Bodenschwingungen und Temperatur. Wirklich eindrücklich wird die Bedeutung der Haut als Sinnesorgan, wenn wir berührt werden. Das ist immer das Signal, dass jemand ganz nahe ist. Und zwar so nahe, dass wir ziemlich verletzlich sind. Deswegen selektieren wir, wer uns »auf die Pelle rücken« darf. Wenn nun jemand gegen unseren Willen zu nahe kommt, reagiert unser Körper mit zunehmender Muskelspannung, Gänsehaut und dem Bedürfnis, Distanz herzustellen. Das ist ein Schutzmechanismus.

Genau darin liegt aber auch das Dominanzsignal in Christine Lagardes Haltung. Sie hat offensichtlich kein Problem mit Nähe und Körperkontakt. Möglicherweise kommen ihr da ihre romanischen Wurzeln entgegen. Schließlich wird in Frankreich mehr berührt, betatscht und wangengeküsst (vgl. Macron). Im besten Fall schafft sie damit sofort eine kumpelhafte Verbrüderung. Das wäre ein Pluspunkt. Aber trifft sie nun auf jemanden, der Nähe nicht ebenso gut aushält wie sie, kann man beobachten, dass die Körperhaltung des Gegenübers nahezu erstarrt. Die Hände werden oft vor dem Schritt verschränkt, und der Blick bleibt unbewegt an Frau Lagarde hängen, während Madame noch locker plaudert. Und fummelt. Damit ist auch für Außenstehende klar, wer dominant und wer in der Defensive ist.

Pardon, aber den Chauvi-Vorwurf muss sie sich gefallen lassen! Sie bewegt sich immer haarscharf an der Grenze zur Überheblichkeit. Wenn man will, dann kann man den Eindruck bekommen, sie würde ihr Gegenüber nicht ganz ernst nehmen. Woher dieser Eindruck kommen kann? Daher, dass sie eben nicht jeden Menschen so mir nichts, dir nichts anfasst. Da scheint sie dann doch eine Abstufung zu machen. Bei einigen hält sie mehr Abstand und fummelt nicht. Und das sind oft die Mächtigsten der Mächtigen. Sie ist weder Putin noch Merkel noch Trudeau auf die Pelle gerückt. Berlusconi auch nicht. Aber bei dem wohl aus Selbstschutz.

Das kann man sich merken

Ich kann mir vorstellen, wie Sie sich fühlen, wenn Ihnen ein Mensch zu nahe kommt. Wenn der Sie beim Reden fast berührt und Sie seinen Atem spüren können. Pfuuuuh. Das bläst bei Ihnen die Kerzen aus …

Das mit dem Abstand ist eben so eine Sache. Manche Menschen suchen die Nähe, bei jedem Gespräch kommen sie nahe ran, egal ob der andere das will oder nicht. Wieder andere halten es so gar nicht aus und brauchen viel Abstand. Wer mit den unterschiedlichen Bedürfnissen der Mitmenschen flexibler umgehen kann, der wird sich weniger oft gestresst fühlen und eine Basis sowohl zu Fernsprechern als auch Nahkuschlern aufbauen können. Christine Lagarde zeigt uns, dass derjenige, der sowohl mit Distanz als auch mit großer Nähe gut umgehen kann, der Bestimmende in der Kommunikation ist.

Vielleicht noch ein kleiner Tipp für Nähephobiker: Wenn Ihnen jemand zu nahe kommt, bleiben Sie nicht frontal gegenüber stehen. Drehen Sie sich etwas seitlich. In dieser Position halten Sie die Nähe des anderen deutlich besser aus.

Eyecatcher

Was bei Christine Lagarde sofort ins Auge sticht, sind eben selbige. Ihr Blick ist sehr aufmerksam; dies ist an einem beständig gehaltenen Blickkontakt erkennbar. Auf uns Beobachter wirkt es so, als wolle sie ihrem Gesprächspartner etwas intensiv mitteilen und sichergehen, dass sie verstanden wurde. Wir schenken diesem Phänomen im Alltag oft zu wenig Beachtung, dabei ist es eines der ersten Signale, das auf Selbstbewusstsein schließen lässt. Selbst wenn Lagarde inhaltlich mit einem Kollegen über Kreuz liegt, hält sie Augenkontakt. Sebastian Kurz macht das ähnlich. Frau Lagarde vollführt ihren Augenkontakt aber mit mehr Körperbewegung, während Kurz die meiste Zeit unbewegt, ja fast steif in seiner Haltung verharrt. Damit wirkt sie sehr selbstsicher.

Das kann man sich merken

Augenkontakt verhilft zu mehr Präsenz als ein dickes Auto. Wenn wir unserem Gegenüber mit den Augen zuhören, fesseln wir ihn. Und damit ist er in unserem Bann, obwohl wir gar nichts sagen. Denn das Bedürfnis nach Anerkennung und Aufmerksamkeit ist enorm wichtig und begleitet jeden von uns ein Leben lang. Geben wir ausreichend davon, räumen wir diesem Menschen einen besonderen Stellenwert ein. Und umgekehrt.

Machen Sie doch mal den Selbstversuch: Hören Sie Ihrem Partner zu, aber meiden Sie dabei den Augenkontakt! Schauen Sie aufs Handy, in die Zeitung oder zum Fenster raus. Irgendwann fällt hundertprozentig der Satz: »Hörst du mir überhaupt zu??«

Christine macht sich Sorgen

Ja, Madame wirkt oft besorgt und angestrengt. Aber auch interessiert. Christine Lagarde hört die Worte ihres Gegenübers gut, aber sie scheint sich Mühe zu geben, ihm auch die volle Aufmerksamkeit zu widmen. Seht her: Ich höre nicht einfach nur zu, ich will verstehen! Sie bildet dabei Stirnfalten.

Faltenkunde

Wir können die Stirn in zwei Richtungen in Falten legen. Senkrecht und waagrecht. Wenn wir uns stark auf etwas konzentrieren, dann fokussieren wir alles auf diesen einen Punkt – wir ziehen die Stirn also zusammen. Auch die Augenbrauen. Sichtbar bleiben senkrechte Stirnfalten.

Haben wir hingegen Mühe, einer sehr leisen Tonquelle zu folgen, dann »spitzen wir die Ohren«. So wie ein Hund seine Ohren dreht. Wir versuchen es zumindest. Denn leider sind unsere Ohrmuskeln verkümmert, und so bleibt bei uns nur ein rudimentärer Rest dieser Bewegung übrig. Sichtbar wird das am Heben der Augenbrauen und in den leicht zusammengekniffenen Augen. Wenn Sie das versuchen, spüren Sie eine Muskelspannung, die den ganzen Kopfbereich umfasst. Die Mimik formt dabei waagrechte Stirnfalten.

Lagardes Faltenlinien zeigen, dass sich alles auf ihr Gegenüber konzentriert – sie zeigt also vollen Fokus. Damit wertet sie die Worte ihres Gegenübers auf.

Das kann man sich merken

Wenn Ihr Kind von der Schule nach Hause kommt und sich mal wieder über den ungerechten Lehrer beschwert, dann denken Sie vielleicht: »Nicht schon wieder diese Leier!« Dabei geht es Ihrem Kind meist gar nicht um Ihre Meinung. Sie sollen sich einfach für seine Sorgen interessieren. Zeigen Sie bewusst die Stirnfalten, wirken Sie viel interessierter und aufmerksamer. Aber Achtung, wer ständig Stirnfalten bildet, verliert ein Vermögen. An Botoxfirmen.

Mimikroutine

Christine Lagarde hat ein von Falten zerfurchtes Gesicht. Ha! Das würden Sie nie über eine Dame sagen. Nie! Obwohl es die Wahrheit ist. Aber es stört bei ihr nicht. Denn Falten an sich sind nix, was man verbergen müsste. Falten zeigen zwei Dinge an. Erstens: Man ist nicht mehr ganz jung. Ja, okay, als Babys haben wir zwar auch Falten, aber nur, weil der Haut-Overall noch ein paar Nummern zu groß ist.

Zweitens zeigen Falten unsere Bewegungsroutinen. Und da offenbart sich deren Anziehungskraft. Christine Lagardes Augen umzieht ein ganzer Kranz von Falten. Ein Strahlenkranz. Sobald sie nur den Ansatz eines Lächelns zeigt, wird das sofort durch diese Falten verstärkt. Das wirkt ungemein anziehend. All das ist natürlich ein Resultat ihrer Lächelfrequenz. Und die ist hoch. Ein kleiner Trick von Christine: Sie beendet viele Aussagen mit einem Lächeln. Das schafft mehr Beziehung als ein ernstes Satzende.

Das kann man sich merken

Unser Gesicht zeigt, auf lange Sicht, immer unsere häufigsten Bewegungsmuster an. Zornesfalten, Sorgenfalten oder Lachfalten graben sich in die Haut ein. Und genau danach werden wir von unserer Umwelt eingeordnet. Lächeln Sie also! Öfter! Noch öfter!

Haben Sie keine Angst, es würde »unecht« wirken. Ja, das gibt es auch. Aber nur aus zwei Gründen:

1. Wenn die Gesichtsmuskeln das Lächeln nicht gewohnt sind, erledigen sie den Job so, wie der durchschnittliche Mann Karotten schneidet oder Ihre Oma SMS tippt. Es sieht ungelenk aus.

2. Wer zu forciert lächelt, spannt die Muskeln zu stark an. Das wirkt angestrengt.

Ein entspanntes, wohlwollendes Lächeln hingegen wirkt niemals unnatürlich.

Die goldene Zupfregel

Dass Frau Lagarde viel Wert auf ihr Äußeres legt, wird wohl niemand bestreiten. Da wird nichts dem Zufall überlassen. Die Frisur sitzt, das Kostüm ebenso. Und natürlich zupft sie auch ihre Augenbrauen. Und zwar so, wie es jeder Style-Experte wohl empfehlen würde. Nach außen hin immer dünner werdend. Zudem entfernt sie am äußeren Rand jene Härchen, die am tiefsten wachsen. Damit wirkt der Blick wacher. Lagarde lässt aber noch so viele Haare stehen (früher sogar noch deutlich mehr), dass man erahnt, wie dick ihr die Buschen wachsen würden. So erscheint ihre Mimik ziemlich kräftig und durchsetzungsfähig. Denn im Zorn neigen wir die Stirn nach vorne und ziehen die Überaugenwulste etwas zusammen – alles, um dem Blick mehr Kraft zu verleihen. Ihre dicken Augenbrauen unterstreichen das (vgl. Macron).

Das kann man sich merken

An alle Zupferinnen und Zupfer, ja, auch die metrosexuellen Männer hören jetzt zu: Mir ist völlig egal, wie groß Ihr Zupffetisch ist. Aber lassen Sie sich gesagt sein: Wenn die Linie nur mehr aus Einhaarreihen besteht, nähert man sich dem Kindergesicht an, und Ihrem Ausdruck wird es an Kraft fehlen. Sie mögen das als schön empfinden. Vielleicht auch Ihre Freunde. Im Bällebad von Ikea.

Spitzer Aristokratenmund

»Fritz, wir müssen reden!« Und das mit dem leicht angespitzten Lagarde-Mund. Junge, Junge, dann wird das mit dem Männerwochenende nix.

Der Mundbereich ist mit vielen kleinen, feinen Muskeln durchsetzt. Mehr als die meisten anderen Körperteile. Das ist eine hervorragende Basis für eine riesengroße Vielfalt an Bewegungen. Damit gehört der Mundbereich zu den ausdrucksstärksten Körperregionen des Menschen. Die Lippen zählen außerdem zu den Körperteilen, die besonders gut innerviert sind. So sind sie mit sensorischen Gehirnarealen eng verknüpft. Die Kniescheibe kann da schon mal nicht mithalten. Eine Berührung, und in der Birne ertönt »Freude schöner Götterfunken«. Aber die Orchesterversion. Deswegen machen Küsse auf die Lippen auch mehr Spaß als auf Kniescheiben.

Die spitzen Lippen von Lagarde sind somit Teil eines starken Mienenspiels. Sie sieht damit ein wenig so aus, als würde sie einen sehr heißen Tee trinken. Sie lässt nur sehr zögerlich und mit viel Feingefühl etwas in ihren Mund hinein.

Witzigerweise machen Menschen das auch, wenn sie gar nix in ihren Mund reinlassen. Konzertbesucher beim Kunstgenuss zu beobachten ist mitunter schon selbst ein Genuss. Die hören nämlich

der *Nocturne* von Debussy mit so spitzen Lippen zu, als wollten sie die Noten einzeln aus ihm herauszuzeln. In der Galerie für Moderne Kunst stehen viele Menschen mit Spitzlippen so vor den Bildern, als wollten sie alle von der Muse geküsst werden. Hier zeigt sich also wieder die realisierende Kraft der Körpersprache. Die Lippen saugen ja nicht wirklich Reales ins Gehirn, sondern nur Gedanken, Gefühle und Eindrücke. Aber der Körper reagiert eben so, als wäre es etwas Materielles. Das macht Gefühle anhand der Körpersprache beinahe greifbar. Wer also beim Reden und Zuhören immer wieder seine Lippen spitzt, kann damit feinfühlig und elegant wirken. Aber auch zögerlich. Und pikiert.

Auch wenn Lagardes Gebiss recht groß ist, scheint ihr Spitzmund die Umwelt sehr grazil zwischen den schmalen Lippen aufzunehmen.

Bärig – ihre Stimme

Ihr Mund kann schon mal spitz daherkommen. Ihre Stimme allerdings nie. Für eine Frau hat Christine Lagarde nämlich eine recht tiefe Stimme. Das hat ihr wohl einige Vorteile verschafft. Forscher der Harvard, McMaster und Florida State University haben das Volk der Hadza untersucht. Dieses tansanische Volk lebt noch sehr unbeeinflusst von Entwicklungen der modernen Welt. Für Experten ist das spannend, denn sie eröffnen uns einen Blick in unsere Vergangenheit. In ihrem Zusammenleben spielt die Stimme bei der Einordnung der Stammesmitglieder eine wichtige Rolle. Je tiefer die Stimme eines Mannes ist, desto höher sind die Chancen, dass Frauen ihn als Beschützer einordnen. Das ist recht einfach zu erklären. In der Pubertät bricht die Stimme des Mannes. Damit signalisiert er: Ich bin schon geschlechtsreif. Ab dann ist er potenzieller (Fortpflanzungs-)Partner.

Darüber hinaus lässt uns eine tiefe Stimme einen großen Resonanzkörper vermuten. Und damit ein großes Männlein. In Blindtests (nicht nur bei Indigenen) wurden tiefe Stimmen nahezu immer größeren Körpern zugeordnet. Auch wenn das in der Realität natürlich nicht immer stimmt. Nun vermittelt ein großer Körper auch mehr Kraft – und damit wieder Sicherheit. Tiefe Stimme heißt also reif und kräftig. (Wir fragen uns an dieser Stelle, wie David Beckham je eine Frau gefunden hat …)

Und weil Sie, lieber Leser, ja sehr hell auf der Platte sind, ist für Sie dieses Stimmending bei Männern natürlich nicht ganz überraschend. Wie ist das aber nun bei Frauen? Ziemlich ähnlich, wie die Forschung ergeben hat. Die Männer der Hadza bevorzugen als Partnerin und potenzielle Mutter ihrer Kinder Frauen mit etwas höherer Stimme. Frauen mit tiefer Stimme hingegen wurden eher als Jagd- und Spielpartnerinnen betrachtet. Das ist auch in unseren Breitengraden so. Lagarde ist in diesem Sinne also eher die Jagdpartnerin. Auch das ist also ein Phänomen, das ihre Kompetenzwirkung verstärkt. Zwar hören wir die Stimme meist erst, nachdem wir vorab anhand der Körpersprache ein erstes Urteil über den Menschen Lagarde gefällt haben. Aber der

Einfluss ihrer Tonlage ist nicht zu unterschätzen. Sie bestätigt ihre Dominanzkraft. Wenn Lagarde bei den ganzen weiblichen Signalen noch ein Piepsstimmchen hätte, wäre ihre Wirkung wohl eine andere.

> **Das kann man sich merken**
>
> Wenn der Mensch nervös wird, nimmt seine Muskelspannung zu. Auch im Brust- und Halsbereich. Das führt dazu, dass unsere Stimme höher wird. Es ist halt nur saublöd, wenn das genau dann passiert, wenn wir superseriös und abgeklärt wirken wollen. Zum Beispiel bei einer Reklamation im Urlaubshotel, bei Gehaltsgesprächen oder einer Rede vor Publikum. Niemand soll deswegen seine Stimme tiefer machen, als sie ist. Sich aber bewusst zu machen, dass die Stimme bei Stress nach oben geht, hilft dabei, sie wieder in normale Bereiche zu bringen.

Angeboren oder angelernt?

Jetzt könnte man schnell in ein Lamento verfallen: Die Lagarde hat es ja einfach. Gute Gene, ein elegantes Äußeres, und an Geld hat es in ihrer Familie auch nie gemangelt. Bei so viel Starthilfe schafft das ja jeder!

Lagarde stammt aus einer Familie von Geisteswissenschaftlern, ihr Vater war Dozent für Literatur, die Mutter Lehrerin. Ob das einen Einfluss auf ihre Körperhaltung, ihr Auftreten hatte? Möglicherweise. Zumindest ist dieser Einfluss bei ihr auf fruchtbaren Boden gefallen. Wenn man in einem Haushalt aufwächst, in dem der Vater nach der Arbeit an seinem Auto herumschraubt, die Mutter knietief im Komposthaufen steht und die Familie am Wochenende die neue Garage betoniert, prägt das. Genauso prägt es, wenn Maurice-Eugen regelmäßig mit Mama in der hauseigenen Bibliothek die Klassiker von Goethe bis Schopenhauer nach Epochen sortiert und die kleine Angelique-Charlotte zur Belohnung mit Papa die Arte-Doku schauen darf. Wo ein Apfel fällt, ist immer auch ein Stamm.

Aber Achtung: Auch wenn Kinder etwas immer wieder sehen, übernehmen sie das nur insoweit, wie es in ihnen angelegt ist. Mutter und Vater können also schon verstärken, allerdings nur das, was bereits im Kern in ihren Nachkommen vorhanden ist. Somit können Eltern ihre Kinder nicht nach Lust und Laune wie Knetmasse »formen«.

Bei all dem elterlichen Einfluss muss wohl auch ein wenig Erhabenheit in Christine Lagardes Temperament angelegt sein. Denn sie zeigt sie mit großer Selbstverständlichkeit.

Frei nach Zlatan Ibrahimović: Du kannst dein Getto verlassen, aber das Getto verlässt dich nicht!

Authentisch – Lagarde macht, wofür sie geschaffen wurde

Kein Mensch wurde geschaffen, um Präsident, Schönheitskönigin oder Polizist zu sein. Und Lagarde wurde auch nicht als oberste Geldzählerin geboren. Aber manche Menschen füllen mit ihrer Wirkung unsere Erwartungen an eine Aufgabe ideal aus. Auch bei ihr, wie bei uns allen, geht es weniger darum, *welchen* Job man ausübt, sondern *wie* man es tut.

Es gibt Menschen, deren Bewegungen groß und ausladend sind. Mit jeder Geste schaffen sie sich Raum. Dabei ist jede Bewegung ruhig und langsam. Denken Sie mal an die Bewegungen eines Faultieres. Für so viel Gelassenheit müssen manche Menschen 15 Jahre Tai-Chi trainieren. Umgekehrt gibt es jene, die schnell sind. Ihre Gesten erinnern an die eines meißelnden Spechtes, um in der Tierwelt zu bleiben. Weder die einen noch die anderen haben das *lernen* müssen, es ist ihr Temperament. Es wird sie mehr oder weniger bis ans Ende ihrer Tage begleiten. Oder glauben Sie wirklich, dass aus »Flasche leer. Isch habe fertisch«-Giovanni Trapattoni noch ein körpersprachlicher Helmut Schmidt wird?

Eher nicht. Sollte er auch nicht. Denn genau das ist es, was ihn ausmacht. Wer seinen körpersprachlichen Ausdruck zu sehr unterdrückt, um sich anzupassen, wird seine volle Wirkkraft nur schwerlich ausschöpfen.

Daraus ergibt sich, dass es einige Lebensbereiche gibt, in denen bestimmte Formen der Körpersprache vorteilhafter sind als in anderen. Wer als Mittelpunktsmensch im VW-Vorstand ständig »performen« will, macht sich schneller Feinde als mit einem FC-Bayern-Schal beim BVB. Südtribüne. Wer lieber im Hintergrund arbeitet, aber als Zumbatrainer eine Karriere startet, für den wird jedes »Noch 4 Wiederholungen. Noch 3! Noch 2! Und 1 noch!! Komm mach mit!« zur Qual.

Christine Lagarde hat einfach jene Karriere verfolgt, die mit ihrem Auftreten unglaublich gut harmoniert. Oder können Sie sich die Chefin des IWF in Glitzerleggings in einer billigen Vorstadtdisco beim Proseccoausschenken vorstellen?

In ihrem Job, bei dem so viele verschiedene Personen ein Wörtchen mitreden wollen, braucht ihre Körpersprache Souveränität. Sie braucht zudem Eleganz, um dem Amt die nötige Würde zu verleihen. Aber auch Tatendrang und die Fähigkeit, starke Bindungen einzugehen. Für all das muss sie ihre Mimik und Gestik nicht verstellen oder unterdrücken. Damit bleibt sie authentisch. Und das verleiht ihrem Auftreten eine enorme Kraft.

Vielleicht wäre sie in ihrer politischen Karriere schneller nach oben gekommen, wenn sie die Bierzelttour gemacht hätte. Aber bewusst zu sagen: »Das bin nicht ich«, verleiht eine enorme Selbstsicherheit.

Das kann man sich merken

Jeder hat seine körpersprachliche Einzigartigkeit, und die ist ziemlich manifest. Wenn Sie Ihrem eigenen Temperament treu bleiben, strahlen Sie die maximale Kraft und Glaubwürdigkeit aus. Und vergessen Sie nie: Man muss nicht überall gut ankommen. Es geht vielmehr darum, jene Lebensbühne zu finden, auf der unsere Eigenschaften auf Gegenliebe stoßen. Und jene Menschen zu finden, die einen genau so schätzen, wie man ist.

Für alle Eltern noch ein Hinweis: Hören Sie auf, Ihre Kinder zu »gestalten«!

Wir können ihnen nur möglichst viele verschiedene Modelle vorleben. Sie picken sich ohnehin das raus, was zu ihrer Persönlichkeit am besten passt. Lassen Sie das körpersprachliche Temperament Ihres Kindes so gedeihen, wie es geschaffen wurde. Je freier sich das entwickeln kann, desto authentischer wird es später wirken.

Kinder sind Reisende, die nach dem Weg fragen.
Buddhistische Weisheit

Erkenntnis

Eleganz und Dominanz – Lagarde verkörpert es

»Als Frau muss man sich vermännlichen, um nach oben zu kommen.« – »Man darf seine Weiblichkeit nicht mehr zeigen.« Und dann kommt die Lagarde daher, trägt Designerkostüme, auffallende Ohrringe, ist braun gebrannt und würde in jeder Schicki-micki-Bar anstandslos am Türsteher vorbeikommen. Meine Damen, lassen Sie sich gesagt sein: Ihr zweites X-Chromosom ist für die Karriere weniger entscheidend als Ihre Wirkung – und somit die Ihrer Körpersprache. Man wird Ihnen sogar verzeihen, wenn Sie den Chauvi raushängen lassen.

Für Christine Lagarde bin ich besonders dankbar. Nicht im politischen Sinne. Vielmehr ist sie ein wunderbarer Beleg dafür, dass man sich eine gewinnende Körpersprache nicht kaufen kann. Eine Frau mit gebeugter Haltung, groben Gesten und einem breitbeinigen Gang wird auch im Prada-Kleid eine Cindy von Marzahn bleiben.

Lagardes sehr aufrechte Körperhaltung mit einer ausgeprägten Mimik und dem Bedürfnis nach Nähe verleihen ihr eine selbstverständliche Erhabenheit mit Macherqualitäten. Aber sie zeigt uns auch: Alles kann man nicht haben. Denn ihre Erscheinung kann sehr leicht als abgehoben klassifiziert und dem »Establishment« zugeordnet werden.

Emmanuel Macron

Charmanter Fuchtler

»Louis XIV., schau herab auf uns! Wen hast du uns als deinen Nachfolger geschickt? Wo ist die royale Erhabenheit eines Jacques Chirac, die stolze Unnahbarkeit eines François Mitterrand? So richtig »auf elitär machen« kann der Neue ja nicht wirklich. Seine Körpersprache macht eher einen auf »Pfeif drauf«. Verstehen Sie mich nicht falsch, aber wenn er sogar von einem Sarkozy in Sachen Glamourfaktor rechts außen überholt wird (ja, okay, der war platt – aber was gesagt werden muss, muss gesagt werden), dann ist es schlecht um die Étiquette de la Grande

Nation bestellt. Der Neue ist anders. Er demonstriert eindrucksvoll, wie man in einer Zeit von YouTube und Instagram den mächtigsten Menschen der Welt selbstbewusst und zeitgemäß begegnet, ohne dabei gleich auf Trump'sche Holzhammermethoden zurückzugreifen. Aber Achtung, wer jetzt meint, es reiche, die Usancen einfach zu ignorieren, wird sich schnell unbeliebt machen. Dazu braucht es nämlich eine besondere Eigenschaft, die Macron kennzeichnet: Variabilität in der Körpersprache.

Auf der Überholspur

Wie der österreichische Bundeskanzler Sebastian Kurz und der kanadische Premierminister Justin Trudeau gehört Emmanuel Macron zur jungen Garde der Politiker. Mit erst 39 hat er das höchste Amt in Frankreich angetreten. Und zwar mit einem überwältigenden Wahlsieg, dass sogar die Populisten unter Le Pen alt ausgesehen haben. Er muss also eine große Sogwirkung haben, dieser Emmanuel Macron.

Ihm kommt wohl entgegen, dass er in einer Zeit politisch groß geworden ist, in der viele der »alten« Parteien, meist gegründet um die Wende vom 19. zum 20. Jahrhundert, im aktuellen Jahrtausend ihren Zenit möglicherweise schon überschritten haben. Als Banker, Mitglied der Parti Socialiste und Wirtschaftsminister in der Regierung seines Vorgängers François Hollande gehörte er dem Establishment auf höchster Ebene an. Und der will für Neuanfang und Aufbruch stehen, wie es seine Bewegung »En Marche« suggeriert?

Es ist schon erstaunlich, dass er, der selbst ein Teil des politischen Systems war, den Franzosen vermitteln konnte, dass mit ihm alles neu werden würde. Inhaltlich also keine leichte Aufgabe. Aber es ist ihm gelungen. Offensichtlich hat seine Aura, sein Charisma, für diese Aufbruchstimmung gesorgt. Aber hey, ich sage es Ihnen gleich: Sie können Ihre Räucherstäbchen wieder einpacken. Denn wir beginnen jetzt nicht über Vages und Un-

greifbares wie Aura, Ausstrahlung und Charisma zu theoretisie-
ren. Macrons Wirkung ist nämlich greif- und beschreibbar. Was
niemals heißt, dass sie mit ein paar Handgriffen reproduzier-
bar wäre. Dafür ist die Körpersprache eines jeden Menschen zu
vielschichtig. Aber das Ganze hilft uns, Macron und damit seine
Wähler besser zu verstehen. Und er gibt jedem von uns damit
Tipps, wie wir besser auf andere wirken können.

Niemand wird merken, was ich gesagt habe.
Aber alle werden merken, dass ich hungrig bin.
E. Macron im Wahlkampffinale 2017

Mai 2017. In der Brüsseler Sonne ist die Weltelite der Politik zum NATO-Gipfel versammelt. Dicht gedrängt stehen zum Fototermin unter anderem Generalsekretär Jens Stoltenberg, der kanadische Premier Justin Trudeau, der italienische Premier Paolo Gentiloni, die deutsche Kanzlerin Angela Merkel und wohl der Mächtigste von allen, Donald Trump. Sie alle warten auf die erste Begegnung mit ihm, dem frisch gewählten französischen Staatspräsidenten Emmanuel Macron. Was dann passiert, sollte Eingang in die Annalen der politischen Körpersprache finden.

Mit energiegeladenem Schritt geht Macron auf seine NATO-Kollegen zu. Allerdings steuert er nicht auf die Mitte der Gruppe zu, wo, protokollarisch korrekt, Jens Stoltenberg steht. Nein, er zielt etwas nach links, wo Donald Trump steht. Sichtlich erfreut über diese Wertschätzung, fixiert dieser den französischen Präsidenten mit den Augen. Je näher Macron kommt, desto mehr breitet sich ein Grinsen über Trumps Gesicht aus. Macron ist mittlerweile keine fünf Schritte mehr von ihm entfernt. Der US-Präsident strahlt nun fast bis an die Ohren. Jetzt breitet er beide Arme aus, setzt an, Macron zu begrüßen … In dem Moment schlägt der Franzose einen Haken, wechselt abrupt die Richtung und geht direkt auf Angela Merkel zu, die rechts von Stoltenberg in der Gruppe steht. Er begrüßt sie herz-

lich mit zwei Wangenküssen und einer Umarmung, sie wechseln ein Grußwort. Nun dreht sich Macron wieder nach links, Richtung Trump, bevorzugt aber die Hand des norwegischen Generalsekretärs, der direkt neben dem amerikanischen Präsidenten steht. Wer jetzt denkt, Trump wäre direkt die Nummer drei gewesen, der irrt. Macron wechselt abermals die Richtung, wendet sich von Trump ab und begrüßt den belgischen Gastgeber Charles Michel weiter rechts. Donald Trump ist erst der Vierte in der Reihe.

Was will uns Emmanuel Macron damit sagen? Dass er den amerikanischen Präsidenten nach Lust und Laune an der Nase herumführen kann? Oder dass er einfach nur gut erzogen ist und die Frau zuerst begrüßt? Das sind alles Spekulationen. Aber eines ist sicher, er hat uns damit die Botschaft ausgesendet: »Ich weiß um die Kraft und Wirkung der Körpersprache!« Macron beherrscht diese Kunst, und er hat seine nonverbale Kommunikation eingesetzt, um ein universell verständliches Signal an die ganze Welt auszusenden.

Wenn man bedenkt, dass er noch nicht lange im Amt und bei Weitem der Jüngste in der gesamten Gruppe war, dann wird klar, dass wir es hier mit einem sehr geschickten Kommunikator zu tun haben.

Gesichtsdeutung und anderer Stumpfsinn

Bevor wir uns mit Macrons Körpersprache beschäftigen, betrachten wir sein Äußeres. Das ist per se von ihm noch keine körpersprachliche Leistung, denn für ihn und uns alle gilt: Für unsere Visage können wir nichts. Unser Aussehen ist zum allergrößten Teil genetisch vorbestimmt. Körpergröße, Haarfarbe, Hautteint. Das gilt auch für Emmanuel Macron. Wobei er in seinem Aussehen einige Merkmale aufweist, die für seine Karriere vorteilhaft sind. Glück gehabt, Monsieur!

Die Physiognomie, die angeborene Mimik eines Menschen, ist ziemlich unabänderlich. Das betrifft die Form des Mundes, die Größe der Nase, abstehende Ohren, ein hoher Haaransatz, prägnante Wangenknochen und ein kräftiger Unterkiefer. All das ist uns in die Wiege gelegt. Dieses Wiegengelege können Sie noch so oft für einen Misserfolg verantwortlich machen – Sie werden es nicht los. Sie hätten wohl bei der Auswahl Ihrer Eltern etwas umsichtiger sein sollen. Wenn Sie jetzt als Erwachsener noch eingreifen wollen, brauchen Sie schon einen plastischen Chirurgen. Und zwar einen guten. Manche haben eben mit ihrer Physiognomie Glück. Und andere haben noch mehr Glück.

Gleich vorweg: Wenn Sie aufgrund der Gesichtszüge auf Charaktereigenschaften schließen wollen, sollten Sie das nicht zu laut hinausposaunen. Dafür gibt es zwei Gründe:

Zum einen liegen Sie wissenschaftlich voll daneben. Immer wieder versuchen Menschen anhand des Antlitzes die Eigenschaften eines Menschen zu bestimmen. Ganze Bücherregale kann man mit diesen »Analysen« füllen. Man findet sie in Buchhandlungen meist zwischen Astrologie und Horoskop. Vergessen Sie das! Unzählige Studien bestätigen, dass ein Rückschluss von angeborenen äußeren Merkmalen auf charakterliche Eigenschaften nicht möglich ist! Auch wenn Sie es sich noch so sehr wünschen: Die Größe der Ohrläppchen sagt nichts über die Ordnungsliebe aus und der Haaransatz nichts über die Intelligenz. Ausnahme: der Bauchansatz. Der sagt etwas über die Essgewohnheiten aus.

Zum anderen begeben Sie sich damit auf dünnes Eis. Und zwar politisch dünnes Eis. Schon die Nazis haben der Idee, vom Äußeren eines Menschen auf dessen Charakter zu schließen, viel abgewinnen können. Sie rückten Gesichtern und Körperbau von Verbrechern, Homosexuellen und »Nicht-Ariern« mit Millimetermaß, Schiebelehre und Winkelmesser zu Leibe. So wollten sie ihre »Herrenrasse« reinhalten. Ihre Idealvorstellung sieht man heute noch an Statuen aus jener Zeit. Ich mag darüber nicht weiterschreiben, weil mich so viel Stumpfsinn anödet.

Allerdings möchte ich einen Gedanken einwerfen: Entziehen können wir uns der *Wirkung* der Physiognomie nicht. Ein Zweimeterhüne mit kräftigem Unterkiefer, starker Stirnwulst und Händen so groß wie Klodeckel bekommt deswegen nur selten einen Job als Verkäufer im Nähgarnladen. Ganz einfach, weil die Personalentscheider und in der Folge die Kunden vom Äußeren auf persönliche Eigenschaften und Fähigkeiten schließen.

Auch wenn sie damit möglicherweise falsch liegen. Und weil eben auch die angeborene Mimik eine Wirkung auf uns hat, lohnt sich ein Blick auf Macrons Physiognomie.

Der Jack-Nicholson-Blick

Schauen Sie Monsieur Macron doch mal tief in die Augen. Vielleicht haben Sie den Eindruck, dieser Blick sei stechend, nachdrücklich, selbstbewusst oder Ähnliches. Nein? Sehen Sie anders? Dann verdecken Sie auf dem Foto oben Macrons rechtes Auge. (Nein, das andere rechte. Von Ihnen aus das linke.) Sein Blick hat ähnlich viel Nachdruck wie Jack Nicholson in seinen dämonischsten Rollen. Hier spielen die Augenbrauen eine entscheidende Rolle. Zeigen diese vom Nasenrücken beginnend nach oben und fallen sie erst am äußersten Ende nach unten, wirkt der Blick aggressiver, energetischer und eben stechender.

Das Gegenteil gilt für Augenbrauen, die von der Mitte weg eher nach unten zeigen. Die meisten liebenswürdigen Comicfiguren haben diese Form. Und auch sein Vorgänger François Hollande.

Ein Mann ist ein Mann, wenn er ein Mann ist

Ach ja, noch was: Macrons Augen sitzen recht tief in den Höhlen, damit verstärkt sich der Eindruck einer kräftigen Stirnwulst.

In der Pubertät verändert sich die männliche Schädelform mehr als die weibliche. Der Unterkiefer bildet sich stärker aus, die Wangenknochen treten mehr hervor, und die Wulst oberhalb der Augen wächst. Dies geht unter anderem auf das Testosteron zurück. Neben der äußerlichen Veränderung lässt dieses Hormon Männer im Schnitt auch etwas aggressiver agieren als Frauen. Somit haben Stirnwulst und Kampfbereitschaft einen engen Zusammenhang, da sie dieselbe Ursache haben. Nun zeigt uns also ein (post)pubertäres Gesicht, dass die Person dem Kindsein entwachsen ist. Aber auch dass es sich hier um ein voll einsatzfähiges Männlein handelt, das nicht nur bereit zur Reproduktion ist, sondern auch kräftig genug ist, die Nachkommen zu verteidigen. Dieses Männlein scheint zu wissen, wie wichtig das Signal der deutlichen Stirnwulst ist. Denn jedes Mal, wenn es sich zum Kampf bereitmacht, zieht es diese Wulst noch mal nach unten und betont sie. Somit verknüpfen wir mit dieser Bewegung Eigenschaften wie Kraft, höhere Bereitschaft zu körperlicher Aktivität und eventuell auch mehr Aggressivität.

Ich wiederhole hier noch mal: Wir *wissen* nicht, ob dieser Mann tatsächlich diese Eigenschaften in sich trägt, aber wir interpretieren sie in ihn hinein. Dieses Vorurteil trifft nicht nur auf Franzosen zu. Eine Studie der Oxford University aus dem Jahr 2015 bestätigt, dass weltweit Menschen bei Führungspersonen

diesen kräftigen Gesichtsausdruck bevorzugen. Und das ist in Macrons Fall von Vorteil. Denn wenn wir ein Alphatier auswählen, bevorzugen wir eben diese Eigenschaften. Wir wollen Kraft sehen – Kraft zur Entscheidung und Richtungsvorgabe. Wir wollen Aktivität – Aktivität, um etwas voranzubringen. Und das vermittelt uns Emmanuel Macron mit seiner starken Stirn.

Die Augenbrauensprache – versteht jeder

Interessanterweise hat uns Mutter Natur genau dort zwei Haarstreifen hinterlassen. Das war kein Zufall, wie wir gleich sehen werden. Doch es kommt nicht nur darauf an, mit welchen Augenbrauen wir zur Welt gekommen sind, viel wichtiger ist, was wir mit ihnen anstellen. Macron arbeitet viel mit diesen Streifen. Deutlich mehr als die meisten seiner Amtskollegen.

Warum nicht ganz nackt?

Die Augenbrauen sind ja durchaus ein eigenartiges Merkmal. Das Gesicht des Menschen ist im Laufe der Evolution (abgesehen vom Bart des Mannes) immer haarloser geworden. Nur just über den Augen hat uns Mutter Natur zwei Haarstreifen übrig gelassen. Ja, jetzt kommen Sie mit Ihrem Grundschulwissen aus dem Biologieunterricht daher: »Sie halten Schweiß und Schmutz ab.« Es stimmt schon, das ist ganz praktisch. Wenn sich der Neandertaler sonnte, war es angenehm und durchaus von Vorteil, dass die Sonnencreme aus Mammutfett nicht ungehindert in die Augen rinnen konnte. Doch Frauen haben in heroischen Selbstversuchen herausgefunden, dass sie sich die Brauen in Gänze auszupfen können, diese einfach mit Permanent-Make-up nachzeichnen lassen und – halten Sie sich fest – hervorragende Überlebenschancen haben! Die Wissenschaft ist diesen Frauen unendlich dankbar. Denn man weiß heute, dass Schmutz und Schweiß als Grund wohl zu unbedeutend waren, als dass sich die Augenbrauen beim Menschen alleine deswegen bis heute durchgesetzt hätten. (Aus der Reihe: Wissen, das sich in Schulbüchern hartnäckig hält, ohne jemals überprüft zu werden.)

Es gibt einen viel wichtigeren Aspekt, warum sich die Augenbrauen bis heute gehalten haben: In einer Versuchsanordnung wurden Menschen gefilmt, die emotionale Signale wie Ärger, Erstaunen, Skepsis und dergleichen in ihrem Gesicht zeigten. Im Anschluss daran wurden auf einer Kopie der Aufnahmen die Brauen aus den Gesichtern mittels Bildbearbeitung gelöscht. Einer Probandengruppe wurde das unbearbeitete Original und der anderen Gruppe das »brauenlose« Video vorgespielt. Die zweite Gruppe konnte in der Mehrheit der Fälle die Mimik nicht eindeutig entschlüsseln.

Ob ein Mensch aggressiv dreinschaut oder erstaunt ist, ob er skeptisch oder sogar traurig ist – all das können wir aus recht großer Entfernung an den Augenbrauen erkennen. Das dürfte der Grund sein, warum Mutter Natur sie uns bewahrt hat, wie die Universität von York herausfand.

Fazit: Wir können damit unser Gegenüber einschätzen. Und umgekehrt.

Wer beim Aufeinandertreffen mit Fremden schon aus der Entfernung als freundlich und ungefährlich erscheinen will, kann das mit seinen Augenbrauen sehr zuverlässig signalisieren. Das ist für die Überlebenssicherheit weit relevanter als ein Schweißtropfen im Auge.

Wenn Emmanuel Macron spricht, tut er das nicht einfach, um etwas gesagt zu haben. Er zeigt, dass er wirklich meint, was er da sagt. Viele seiner Worte begleitet er mit intensivem Heben und Senken der Augenbrauen. Das zieht uns enorm in seinen Bann. Jedenfalls mehr als das durchschnittliche Botoxgesicht einer Instagram-Diva. Auch wenn deren Fotos vielleicht faltenfrei, schön und glatt aussehen – auf Bewegtbild, also Videos, wirken diese Gesichter »tot«. Denn es ist Macrons lebendige Mimik, die uns die Bedeutung seiner Worte vermittelt. Bedrohlich, enttäuscht. Oder aufrüttelnd und begeistert. Und erst damit fühlen wir uns mit ihm verbunden.

Er scheint einen kleinen Gruß an die deutsche Bundesregierung zu schicken: Wagt mehr Mienenspiel! Damit würde die Einschaltquote jeder Bundestagsdebatte die Fünfprozenthürde locker überspringen.

Es ist also schon mal eine gute Idee, beim Reden die Augenbrauen einzusetzen. Aber wer meint, beim Zuhören bräuchte er das nicht, und man könne wie versteinert dasitzen, kann sich auch hier bei Macron bedienen. Er weiß, wenn (potenzielle) Wähler über ihre Sorgen und Ängste berichten, dass er darauf reagieren muss. Auch mit seinen Augenbrauen.

Wenn wir selber sprechen, tut es uns eben ungemein gut, mimische Reaktionen auf unsere Worte zu bekommen. Auf Ihren Satz: »Du ahnst ja nicht, was mein Chef mir gestern verraten hat!«, erwidert Ihr Gegenüber: »Erzähl, was hat er gesagt!« Mit weit aufgerissenen Augen und hocherhobenen Brauen signalisiert uns das: Ich habe Interesse an deinen Erzählungen. Die gleichen Worte mit unbewegtem Blick und hängenden Brauen bewirken das Gegenteil.

Denn dieses Signal gilt unseren Mitmenschen – es ist ein stark nach außen gerichtetes Signal! Der andere soll merken, dass wir ihn bzw. seine Aussage wahrgenommen haben. Deswegen heben Sie ja auch bei Selbstgesprächen selten die Augenbrauen. (Doch? Sie machen das? Macht nix, ich kenne einen guten Arzt. Der behandelt Sie. Beide.)

Der Einsatz der Augenbrauen transportiert Emotionen, und die sind gar nicht so schwer zu entschlüsseln. Im Grunde sind es zwei Bewegungen, nicht mehr. Hierzu müssen wir die Genese der Signale kennen.

Ein tierisches Erbe

Wenn ein Tier Dominanz zeigen will, dann plustert es sich auf. Dazu stellt es seine Fellhaare auf bzw. lässt die Federn hoch aufstehen. Es wirkt damit größer und furchteinflößender. Für das Aufstellen des Kopfkleides muss es die Kopfhaut nach vorne ziehen. Fühlt sich ein Tier unterlegen, versucht es, sich klein zu machen. Fell bzw. Federn werden angelegt. Die Kopfhaut wird nach hinten gezogen.

Wir Menschen tun bei Dominanz und Unterlegenheit genau das Gleiche. Wir ziehen die oberen Gesichtsmuskeln nach unten oder heben sie an. Nur haben wir ein Problem, denn bei uns enden diese Gesichtsmuskeln am oberen Ende der Stirn. Wir können wohl mit diesen Muskeln die Augenbrauen rauf- und runterziehen, aber die Dauerwelle stellt sich deswegen trotzdem nicht auf. Der Ursprung der Bewegung ist aber der gleiche. Deswegen ist das Wissen über die Genese der Bewegung für das Verständnis der menschlichen Mimik wichtig. Ärger, Skepsis und Aggressivität – all diese Gefühle zeigen wir mit heruntergezogenen Stirnmuskeln. Eine dicke Stirnwulst und die Zornesfalten über den Augen sind das Ergebnis.

Fühlen wir uns unterlegen oder wollen wir harmlos erscheinen, ziehen wir die Stirnmuskeln hoch, die Augenbrauen wandern nach oben und bilden einen hochstehenden Bogen um die Augen, wenn auch wieder ohne Ergebnis für unser »Federkleid«.

Ach ja, Sie müssen das gar nicht üben, denn es ist uns in die Wiege gelegt. Jeder Elternteil, der versucht, das Kind für eine Idee, ein Spiel oder eine Aktivität zu begeistern, arbeitet dabei stark mit den Brauen. Beide Bewegungen sind älter als der Mensch selbst.

Und somit gelten sie für alle Menschen auf dem Planeten. Es sind universelle Signale. Ziehen Sie mal die Stirn nach unten zu Zornesfalten, machen eine ernste Mimik dazu und fragen Sie jemanden nach dem Weg. Der Einzige, der Ihnen antworten wird, ist Google Maps.

Das kann man sich merken

Wenn wir Menschen mitreißen, sie begeistern wollen, leisten die Augenbrauen unschätzbare Dienste. Das gilt für uns alle! Wenn Sie also Ihre(n) Gesprächspartner an einer entscheidenden Stelle fesseln wollen, tun Sie es mit Ihren Augenbrauen! Hoch damit! Nicht durchgehend, aber synchron mit entscheidenden Worten.

Und auch als Zuhörer kann man dem Gegenüber mit den Augenbrauen signalisieren: »Das finde ich spannend oder erstaunlich«, oder: »Hier bin ich skeptisch«, das schafft eine emotionale Basis.

Und noch ein Zusatztipp für Sie: Beobachten Sie an sich, ob Ihre Brauen eher »oben« oder »unten« sind. Denn der Einsatz unserer Augenbrauen manifestiert sich in unserem Gesichtsausdruck. Sind die Brauen oft gesenkt, wirkt auch ein »neutraler« Blick eher ernst. Das kann der Grund sein, warum man von anderen als unnahbar oder nicht besonders herzlich eingeschätzt wird. Deswegen: Heben Sie Ihre Augenbrauen vor Freude hoch, wenn Sie Ihren Geliebten am Bahnhof in Empfang nehmen. Bevor Sie mit hängenden Brauen heim zum Ehepartner fahren.

Bissig

Meine Damen, löst euch nun von Macrons Augenpartie! Lassen wir unseren Blick etwas tiefer schweifen. Stopp! Reicht schon. Macron hat einen Unterkiefer, mit dem er einen Ochsen zerreißen könnte. Okay, das ist etwas übertrieben, aber damit haben Sie die Erklärung, warum ein starker Unterkiefer früher einmal sinnvoll war. Ganz früher, vor den Neandertalern. Heute braucht das kein Mensch mehr. Das Fleisch im Fast-Food-Burger landet ja schon vorgekaut zwischen den Brötchenhälften. Aber damals war das kraftvolle Zubeißen für die Nahrungsaufnahme und auch als Waffe nicht zu unterschätzen. Sehr nahe Verwandte von uns, die Schimpansen, zeigen das in liebevoller Weise. Wenn die Stunk miteinander haben, beißen sie schon mal einen missliebigen Schimpansenkollegen tot.

Macron beißt keine Kollegen tot. Eventuell aber dessen Argumente. Zumindest wirkt es so, als könnte er. Denn Merkmale, die über Jahrmillionen Kraft versprochen haben, sind tiefer in uns verankert als das französische Faible für Republikgründungen.

Affig? Im besten Sinne!

Der junge Mann aus Frankreich hat also einiges zu bieten, was ihm im Kampf dienlich ist. Und damit keine Zweifel an seiner Kraft aufkommen, zeigt er das schon, wenn er sich jemandem nähert. Beim Gehen lässt er seine Arme baumeln und hält dabei die Handrücken nach vorne gedreht. Wenn Sie sich mal vor den Spiegel stellen, die Arme hängen lassen und die Handrücken

nach vorne drehen, werden Sie bemerken, dass Sie dafür die Ellbogen ein klein wenig vom Rumpf wegbewegen müssen. So in etwa bewegt sich Macron. Das erinnert an die Armhaltung von Affen. Oder Bodybuildern. Denn der Unterschied ist nicht so wahnsinnig groß. Mooooooooment! Jetzt keine billigen Lacher, bitte! Affen klettern viel auf Bäumen rum. Dafür brauchen sie kräftige Brustmuskeln (vor allem den *musculus pectoralis*) und ordentliche Rückenmuskeln (vor allem den *musculus latissimus dorsi*). Jungs im Fitnesscenter machen Ähnliches. Sie klettern nicht auf Bäumen rum, aber sie trainieren sich eine breite Brust und einen breiten Rücken an. Je besser diese beiden Muskeln entwickelt sind, desto mehr drehen sich Arme und damit die Handrücken nach vorne. Das ist ein Signal für Kraft. Und genau das vermittelt Emmanuel Macron. Allerdings wirkt diese Art der Armhaltung nicht besonders feinfühlig und einladend.

Ein Hals zum Reinbeißen

Halten wir mal fest: Macrons Augenpartie wirkt durchsetzungsfähig, sein Unterkiefer und auch seine Handrücken vermitteln Kraft. Wie nahe wären wir da an der Aggression?! Und damit wäre er wohl für manche Menschen wählbar, aber nicht für alle. Vor allem nicht für Frauen. Die bevorzugen nämlich tendenziell Problemlöser, die wohl kraftvoll wirken, aber äußerlich weniger Aggressivität aufweisen. Eher so Obama-JFK-Typen. Was ist also Macrons Erfolgsgeheimnis?

Bevor wir weitermachen, muss ich ein kleines Geständnis machen:

Ich habe Ihnen auf dem Bild mit dem stechenden Blick auf Seite 159 etwas vorenthalten. Sorry! Bitte verzeihen Sie mir! Aber das Ganze diente einem guten Zweck. Was Sie auf dem Bild nicht erkennen konnten: Ich habe es ausgeschnitten und ein wenig aufgerichtet. Denn eigentlich hält Macron seinen Kopf sehr oft zur Seite geneigt. Den Kopf zur Seite neigen heißt, wie wir wissen, natürlich zuallererst: Ein Mensch macht sich damit kleiner (vgl. Putin). So wirkt er deutlich weniger dominant als mit streng aufgerichtetem Haupt.

Darüber hinaus zeigt er auf diese Art die verletzliche Stelle des Halses (vgl. Merkel). Auch das ist ein Signal, das nicht unbedingt auf Kampfbereitschaft schließen lässt. Vielmehr ist es ein Zeichen des Vertrauens: »Ich weiß, dass du diese Verletzlichkeit nicht ausnutzen wirst.«

Macron ist körpersprachlich und physiognomisch sehr vielschichtig. Kraftvoll, zupackend und durchsetzungsfähig. Aber eben auch bereit, sich weniger dominant und sogar verletzlich zu zeigen. Doch würden wir so weit gehen, den französischen Staatspräsidenten als niedlich zu bezeichnen? Schauen wir mal …

Mon Dieu! Ist er nicht süß?!

Emmanuel Macron hat eine hohe Stirn. Das heißt, sein Haaransatz beginnt etwas höher. Das haben sonst nur Babys und Opas. Wieder ein Zeichen, das eher auf etwas Bubenhaftes (den Opa nimmt man ihm noch nicht ab) als auf Aggressivität schließen lässt. Das ist der Grund, weshalb Kopfbedeckungen, je nachdem, ob sie tief in die Stirn gezogen oder weit nach oben geschoben getragen werden, völlig anders wirken. So kann es passieren, dass ein Mauerblümchen mit tief sitzendem Hut wie ein sizilianischer Mafioso daherkommt und ein Erwachsener mit einer hochgeschobenen Baseballkappe plötzlich pubertär wirkt.

Eine Kleinigkeit komplettiert Macrons junges Erscheinungsbild: seine Zähne. Er wirkt so, als hätte er eher kleine Zähne. Dabei ist es eher die Zahnlücke zwischen den Schneidezähnen, die diesen Eindruck erweckt und ein wenig an ein Kind mit Milchzähnen erinnert. Das verstärkt den Eindruck von Buben –, ja manchmal fast Schelmenhaftigkeit. Und die kommt natürlich besonders zur Geltung, wenn Macron lächelt.

Wer bis zuletzt lächelt, hat alles im Griff

Und er lächelt viel. Mehr als das üblich ist bei Männern in seiner Liga. Ich habe bei meiner Recherche sehr, sehr viele Videoaufnahmen von Emmanuel Macron studiert. Auffallend ist, dass er oft noch lächelt, während alle anderen schon ein angestrengtes Gesicht zeigen.

Besonders in Erinnerung ist mir eine Begebenheit aus seinem Wahlkampf 2017. Er wollte sich seinen erbittertsten Gegnern, den Sympathisanten des Rassemblement National (ehemals Front National), persönlich stellen. Diese standen hinter einer Absperrung und waren von Polizei umgeben. Die Menge war sichtlich aufgeheizt, sie skandierte Sprüche mit derben Schimpfworten, die ich Ihnen ja gerne nennen, der Verlag aber partout nicht abdrucken wollte. An der Mimik der Protestierenden war abzulesen, dass sie gerne, sehr gerne sogar, ihre Meinung über Emmanuel Macron mit Handgreiflichkeiten kundgetan hätten. Der begann sich den Leuten zu nähern, worauf sein Team sichtlich nervös wurde. Mit hektischen Bewegungen stimmten sie sich gegenseitig ab, und an den angespannten Gesichtern war abzulesen, dass sie um die Sicherheit ihres Schützlings besorgt waren. Macron aber blieb locker. Er erkundigte sich nur lapidar: »Werden sie Gegenstände auf mich werfen?« Dabei hatte er ein Lächeln im Gesicht, als ob es sich um einen Karnevalsumzug handelte. Antwort: »Wir haben Regenschirme dabei.« (Anmerkung: Zum Schutz) »Also gut«, sagte er. Und dabei grinste er schelmisch, als hätte er Freude daran, sich der Situation zu stellen.

Wenn man das von einer kritischen Seite aus betrachten will, könnte man ihm vorwerfen, er würde die Demonstranten nicht ernst nehmen. Aber selbst wenn man es so negativ sehen will, zeigt er damit eines: Souveränität. Das vermittelt dem Betrachter enorm viel Überlegenheit und damit Alphaqualitäten. Denn nur wenn der Cortisolspiegel noch nicht zu hoch ist, schafft der Mensch es, entspannt zu lächeln. Das Stresshormon lässt unseren Körper und damit auch unsere Gesichtsmimik verkrampfen.

Wer also locker und leicht lächelt, vermittelt: Ich bin noch nicht im Notfallmodus.

> **Das kann man sich merken**
> Wer ernst genommen werden will, schaut ernst drein.
> Wer souverän wirken will, zeigt ein entspanntes Lächeln!

Französischer Obama

Der Franzose ist noch lange nicht im Notfallmodus, viel mehr noch, er scheint alles im Griff zu haben. Auch sein Publikum.

Eine Geste ist bei Macron häufig zu beobachten: Ein Arm ist weeeeeit ausgestreckt und die Handfläche nach unten gerichtet.

(Bitte, verwechseln Sie das nicht mit dem Nazigruß! Davon ist Macron weit entfernt, er macht das deutlich lässiger.) Die große, weit ausladende Geste wirkt raumgreifend. Und er ist nicht der einzige Machtmensch, der sich ihrer gerne bedient. Auch von Barack Obama gibt es diesbezüglich zahlreiche Aufnahmen. Macron macht das auf großen Bühnen, aber auch im Zwiegespräch. Offensichtlich ist, dass er damit auffallender ist. Ein Element in einer Gruppe wird umso sichtbarer, je größer es sich macht und je mehr Bewegung es zeigt. Deswegen fallen die »Obamacrons« mehr auf als der Straßenkehrer bei Ihnen um die Ecke. (Sie wissen nicht, welchen Straßenkehrer ich meine? Sehen Sie!)

Warum aber ist das wichtig? Alphatiere sollen Sicherheit vermitteln. Wir wünschen uns, dass sie die Richtung vorgeben. Und wer das deutlich sichtbar macht, ist im Vorteil.

Kein Schisser

Bei der oben erwähnten Geste kennt Macron keine Grenzen. Er streckt die Arme bisweilen so weit aus, dass seine Ellbogen vollends durchgestreckt sind. Das ist nicht selbstverständlich.

Unser Ellbogen ist ein Drehscharniergelenk. Solange es angewinkelt ist, ist es relativ stabil. Ganz durchgestreckt ist es verletzlich, wir könnten es recht leicht brechen. Fühlen wir uns also nicht absolut sicher, winkeln wir den oder die Ellbogen mehr oder weniger stark an. Ja, mehr noch: Je größer die Angst ist, desto stärker winkeln wir an. (Achtung: Bitte drehen Sie diesen Satz nicht um. Das wäre nämlich ein Fehlschluss. Nicht jeder gebeugte Ellbogen ist auf Angst zurückzuführen!)

Wenn also ein Mensch es schafft, die Ellbogen ganz durchzustrecken, scheint er sich einigermaßen sicher zu fühlen. Und das hat eine starke Wirkung.

Wenn der Verkehrspolizist seine Zeichen nicht deutlich, ja überdeutlich macht, bricht sofort Chaos aus. Sehen wir also jemanden wie Emmanuel Macron, der, ohne zu zögern, Raum einnimmt und sich ausbreitet, gehen wir davon aus, dass er weiß, was er will. Wir schauen diese Menschen eher an, wir folgen ihnen bereitwilliger und hören ihnen in der Konsequenz somit auch eher zu. »Natürlich breitet man auch die Arme aus, wenn man nicht mehr weiterweiß!« Schon, schon, aber ein wenig anders. Dabei winkelt man nämlich die Ellbogen an, dreht sie nach innen zum Rumpf. Gleichzeitig hebt man beide Schultern und Augenbrauen an und senkt die Mundwinkel. Diesen Unterschied hat schon Charles Darwin detailliert beschrieben.

> ### Das kann man sich merken
> Wenn wir Menschen für uns gewinnen wollen, tun wir uns mit zu stark angewinkelten Armen schwerer. Ausgebreitete Arme mit weit geöffneten Ellbogen vermitteln Offenheit und ein großes Maß an Selbstsicherheit.

Chillen, Abhängen und Rumlümmeln

Macron zeigt bei manchen seiner Auftritte auch etwas Überraschendes, nämlich eine Haltung, die man typischerweise eher in Kneipen antrifft als im Élysée-Palast: das Lümmeln. Wenn er, der alte Schlamperer, am Rednerpult steht, fehlt ihm bisweilen die aufrechte Steifheit, die man von Pfarrern, Militärs und vielleicht von einer Angela Merkel kennt. Sie hat ihre Berechtigung, wenn es distanziert wirken soll. Mit dieser unbewegten Haltung zeigt man vor allem emotionale Unberührtheit. Das kann auch erhaben wirken, staatstragend. Denn man erhebt sich sozusagen emotional über alles, was im Moment passiert, und ist nur für Höheres empfänglich. Daher sehen wir diese Haltung bei der feierlichen Vereidigung einer Regierung, bei Richtersprüchen oder Begräbnissen.

Meist wird die Haltung der Politiker dann auch noch von Rednerpulten unterstützt. Diese schränken sie in ihrer Bewegung und Haltung ein. Der Körper wird in die Aufrechte gezwungen, die Arme werden links und rechts aufgestützt oder nur die Handgelenke vor der Brust aufs Pult gelegt. Wer würde derart mit seinem Nachbarn, dem Freund in der Kneipe oder seinen Kindern einen Plausch abhalten?

Macron kann sie sehr wohl, diese steife, aufrechte Haltung. Aber er kann auch anders. Wenn er am Rednerpult steht, lehnt er sich gerne daran an. Dabei stützt er sich schon mal mit einem Ellbogen und Unterarm so auf, wie Sie das an einem entspannten Abend an der Bar machen. Nach dem dritten, vierten Drink. Er macht das mal links, mal rechts. Das erinnert ein klein wenig an Lümmeln. Klar, hier lässt er Korrektheit vermissen. Allerdings vermittelt er uns damit auch: »Das ist für mich gewohntes Terrain, hier kenne ich mich aus.« Dass Sie mich hier nicht falsch verstehen: Eine Trauerrede auf diese Art zu absolvieren wäre ein Fauxpas. Was ihn aber auszeichnet, ist, dass er sich in der Steifheit nicht erschöpft. Er kann eben auch locker.

Das strahlt sehr viel Selbstverständlichkeit und damit Souveränität aus. Zudem wirkt er alltags- und somit volksnäher. Denn Alltagsgespräche würden wir in ähnlich saloppem, entspanntem Habitus führen. Da Macrons Haltung unserer Alltagskörperhaltung ähnelt, findet unser Gehirn leichter Anknüpfungspunkte und kann in der Folge den Inhalten besser folgen.

Stellen Sie sich umgekehrt vor, Ihr Chef würde politikersteif in Ihrer Bürotür stehen. Aufrechte Haltung, Hände vor der Brust verschränkt, Kopf unbewegt geradeaus. Es würde wahrscheinlich sofort ein mulmiges Gefühl bei Ihnen aufkommen: »Was ist passiert? Sollte ich meinen Jobvermittler anrufen?« Würde er lässig am Türrahmen lehnen, Ihr Puls wäre garantiert ruhiger.

Das kann man sich merken

Wer so entspannt mit seinen Kollegen und Mitarbeitern spricht, erhält einen positiveren und entspannteren Zugang. Das gilt übrigens auch dann, wenn Sie sich um einen Job bewerben. Nein, Sie sollten beim Bewerbungsgespräch nicht auf dem Stuhl herumlümmeln. Aber wer meint, nur Steifheit, Eleganz und Erhabenheit seien gewünscht, der irrt. Eine lockere Haltung, mehr Bewegung und in manchen Gesprächsphasen etwas salopper agieren, vermittelt: »Ich spiele mit den Gegebenheiten, sie spielen nicht mit mir.« Zudem wirkt dann der Wechsel hin zur aufrechten, »korrekten« Haltung umso beeindruckender.

Alle seine Schäfchen

Politiker brauchen unsere Aufmerksamkeit, unsere Sympathie, unsere Zustimmung. Mit einem Wort: Sie brauchen *uns*.

Macron zeigt vor, wie man Menschen erreicht. Wenn er vor einem größeren Auditorium spricht, wendet er seinen Kopf beständig von den äußerst linken Sitzreihen zu den äußerst rechten. Sein Kopf ist da schon mal um 90 Grad zur Seite gedreht, sodass der frontale Zuhörer – und auch gegebenenfalls eine Kamera – nur sein Profil sieht. Im ersten Moment mag das befremdlich wirken. Allerdings hat es drei Vorteile:

1. Mit dieser körpersprachlichen Flexibilität erreicht er das ganze Auditorium und nicht nur die, die direkt vor ihm sitzen. Wer den Anwesenden nicht nur die Augäpfel, sondern das gesamte Gesicht und in Macrons Fall sogar den ganzen Rumpf zuwendet, erntet mehr Akzeptanz.

2. Auch der Beobachter, der im Moment nur das Profil sieht, erkennt, dass hier jemand die ganze »Herde« im Fokus hat.

3. Subtil vermittelt er damit auch dem Fernsehzuschauer: Ich muss mich weit drehen, um alle zu erblicken. Mir hören seeeehr viele Menschen zu.

Das kann man sich merken

Egal ob Sie vor drei oder vor 300 Leuten sprechen: Alle müssen angeschaut werden! In manchen Meetingräumen ist das gar nicht so einfach. Die Tische in den Konferenz- und Besprechungsräumen sind meist lang gezogene Tafeln, an denen einige einfach zu fixieren sind und andere sehr schwer. Wenn dann noch verschiedene Hierarchien anwesend sind, bleiben die Augen meist bei einigen wenigen hängen, und die Masse wird »übersehen«. Hier ist Emmanuel Macron sicher ein Role Model. Seine Art, das gesamte Publikum zu fokussieren und nicht nur den Chef, den sympathischen Kollegen oder den direkten Nachbarn, kann für jeden von uns eine gute Anregung sein. Wer der ganzen Gruppe die Augen und auch immer wieder mal den Rumpf zudreht, manifestiert sich als echtes Alphatier.

Rezept gegen Politikerfrust

Wie aber soll man sich locker dem gesamten Publikum zuwenden, wenn man die ganze Zeit am Redemanuskript klebt? Nun, lieber Bundestag, liebe Nationalräte, Senate und Vorstände, passen Sie gut auf: Nur wer frei redet, hat die Möglichkeit, sich seinem Publikum zu widmen. Wer seinen Blick beständig auf die Unterlagen richtet, vermittelt: Ihr seid nicht wichtig, entscheidend ist nur, was auf meinem Zettel steht. Hier sollten viele Kollegen bei Emmanuel Macron einen YouTube-Kurs »How to …« studieren.

Wenn der Beruf des Politikers schon so entrückt ist, dass man mit dem Volk nicht mehr »redet«, sondern nur vorgeschriebene Texte abliest, entsteht Politikerfrust. Nicht Politikfrust – Politikerfrust! Allein die freie Rede würde da schon viel verändern. Wenn Worte abgelesen werden, schleicht sich nämlich der Gedanke ein, dass diese für jeden x-beliebigen Zuhörer vorbereitet wurden. Sind wir, das Publikum, also austauschbar? Macron vermittelt durch seine größtenteils frei gehaltenen Reden den Eindruck, dass er genau diese Menschen im Saal meint. Und noch etwas suggeriert seine freie Rede: »Das sind meine eigenen Gedanken, die ich hier mit Ihnen teile, und nicht die eines Redenschreibers.«

Das kann man sich merken

Eine Rede oder Präsentation, abgelesen vom Manuskript oder den Powerpoint-Folien, vermittelt Distanziertheit. Ein Stichwortzettel reicht! Wir sollten jede Gelegenheit nutzen, um zumindest Teile frei zu gestalten, denn die Wirkung ist enorm. Und keine Angst vor der Imperfektion: Ein kleiner Versprecher, mal ein »äh« oder einen Satz nicht ganz geschliffen formuliert? Who cares? Wer ohne vorgegebenes Skript seine Gedanken nicht nach außen bringt, wirkt über kurz oder lang unauthentisch.

Alles meins!

Mittlerweile wissen wir, dass der Chef de l'État ein toller Redner ist. Wir wollen jetzt mit der Lobhudelei nicht übertreiben, aber eine Sache ist Ihnen vielleicht noch nie (bewusst) aufgefallen. Wenn Macron vor Menschen spricht, hat der Chef der Bleues etwas anzubieten, was seiner deutschen Amtskollegin fehlt.

Der französische Präsident verschafft sich mit seinem Oberkörper viel Platz. Er breitet seine Arme oft und gerne aus und nimmt damit auch mehr Raum in Anspruch als andere. Weniger mit seinem Unterkörper. Seine Beine stehen meist hüftbreit, also nicht besonders breit, selten ist er mit einer breiteren Beinhaltung zu sehen. Dafür greift er regelmäßig mit seinen Armen um sich. Sitzt er an einem Tisch, nimmt er ihn voll in Anspruch. Mit ausgestreckten Armen packt er die Tischkanten. Seine Gesten reichen oft bis weit nach vorne in den Tisch hinein und schnellen oft bis in den Nahbereich seiner Gesprächspartner vor. Das wirkt außerordentlich dominant. Nun mag die Rauminanspruchnahme Macrons nicht jedermanns Sache sein. Allerdings fällt es schwer, ihm eine sture Überheblichkeit nachzusagen. Warum? Ganz einfach: Er ist ständig in Bewegung. Und das ist der Unterschied zu einer starren Haltung. Er wirkt damit trotzdem flexibel und aktiv.

> ## Das kann man sich merken
> Keine Angst vor zu ausladenden Bewegungen! Es verleiht Selbstbewusstsein. Aber verharren Sie nicht minutenlang in dieser Position. Wer sich breitmacht, muss seine Position, Haltung, Gestik und Mimik immer wieder variieren. Sonst bleibt der Eindruck der unbeweglichen Herrschaftlichkeit. Das ist oft ein Grund für Ablehnung. Und wer als Person abgelehnt wird, bekommt zu seinen Inhalten nur schwerlich Zustimmung.

Hobbyboxer

Der französische Präsident versprüht keine Herrschaftlichkeit, dafür sind seine Bewegungen zu schnell. Viel zu schnell. Eine Eigenheit ist das blitzschnelle Heranziehen seiner Arme zum Oberkörper. So, als wolle er einen Rasenmäher starten. Die Erklärung dafür ist nicht ganz einfach, denn hier widersprechen sich zwei Theorien.

Zum einen assoziiert der Mensch mit Herholbewegungen wahrscheinlich positivere Emotionen. Eine Untersuchung aus dem Jahre 2003 von der Universität Würzburg scheint das zu bestätigen. Probanden, die über einen Zeitraum von 25 Minuten diese Herholbewegung mit ihren Armen machten, waren geistig signifikant aufnahmebereiter. Es ist schließlich die Bewegung, mit der wir Nahrung oder unsere Liebsten zu uns heranholen.

Mit aller Vorsicht betrachtet könnte etwas dran sein. Schließlich war, im Gegensatz zu heute, die meiste Zeit der Menschheitsgeschichte Mangel die Norm. Wenn also Ressourcen zur Verfügung standen und wir sie nur zu uns »herholen« mussten, war das wohl ein Glücksmoment.

Andererseits gilt auch der in meinem Buch *Hey, dein Körper spricht!* beschriebene Grundsatz: *Angst aktiviert Beuger.* Bei Angst aktiviert der Mensch seine Beugemuskeln. Wir ziehen alle Extremitäten Richtung Torso und beugen auch den Rumpf, sodass wir im Falle äußerster Gefahr den Körper zu einer Kugel formen. Das bietet uns den effektivsten Schutz. Wir bieten so die geringste Angriffsfläche, wenn uns die Römer verprügeln wollen und Miraculix den Zaubertrank nicht rechtzeitig fertig hat. Oder wenn uns der Himmel auf den Kopf fällt. Insgesamt sind wir kleiner sowie weniger gut sichtbar und damit bei Gefahr sicherer. Damit hätte das Beugen der Arme, wie Macron es macht, eher seinen Ursprung in einem Schutzbedürfnis.

Wie Sie erkennen, widersprechen sich hier beide Thesen. Einerseits ist mit dem Beugen der Armmuskeln ein Glücksgefühl verbunden, und andererseits scheint dem Anwinkeln der Arme Angst zugrunde zu liegen.

Dieses Dilemma löst sich sehr schnell auf, wenn man die Beugeaktivität zu Ende denkt. Wenn die Beugemuskeln kontrahiert sind, sind deren Gegenspieler, also die Strecker, gestreckt und haben damit die Möglichkeit, ihren Job zu tun, nämlich sich ihrerseits zusammenzuziehen und damit eine Streckbewegung zu machen. Denken Sie an einen Boxkampf: Die Kontrahenten winkeln die Arme an, um sich zu schützen. Gleichzeitig braucht es gebeugte Arme, um im Anschluss eine Gerade auf den Gegner losschnellen zu lassen. Beuger und Strecker arbeiten also immer als Gegenspieler. Es sind kontrahierte Beuger erforderlich, um überhaupt mit den Streckern aktiv werden zu können. *Reziproke Innervation* nennt man das in der Anatomie. Macron beugt seine Arme also weniger, um in einer Schutzgeste zu verharren, als vielmehr zur Vorbereitung einer Aktivität. Analog zu unserem Boxbeispiel: zuerst beugen, dann zuschlagen.

Die meisten von uns machen das auch im Alltag. Wenn wir jemandem vermitteln wollen: »Komm, lass uns kräftig zupacken!«, dann ballen wir die Fäuste, spannen den Bizeps an und beugen damit die Arme. Zudem vermittelt Macron durch die hohe Geschwindigkeit, mit der er die Arme zu sich bewegt, in jedem Fall viel Aktivität. Die Geste wirkt sehr kraftvoll. Und das vervollständigt das Bild des Machers. Beweglich, schwungvoll, dynamisch, schnell. Eigenschaften, die die gesamte Körpersprache Macrons dominieren.

Enfant agile, Enfant rapide

Emmanuel Macron ist sehr flink. Manchmal dermaßen flink, dass man selbst in Zeitlupe die einzelnen Bewegungen nicht genau wahrnehmen kann. Bei ihm springt der Rasenmäher garantiert beim ersten Mal an.

Seine Körpersprache vermittelt so viel Dynamik, dass wir darüber sogar vergessen, wie sehr er Teil des althergebrachten Establishments in Paris war. Seine gesamte Wirkung hat so gar nichts mit der staatstragenden Behäbigkeit all seiner Vorgänger bis zurück zu Charles de Gaulle zu tun. (Einzige Ausnahme: Nicolas Sarkozy.) Wie Sie Emmanuel Macron politisch bewerten wollen, überlasse ich Ihnen, aber den Eindruck von Macherqualitäten, Aktivität und schneller Aufnahmefähigkeit kann man ihm nicht absprechen.

Um das zu verstehen, sollten wir einen Blick auf unsere muskuläre Entwicklung werfen.

Phasische und tonische Muskelfasern

In jungen Jahren sind wir Menschen in unseren Bewegungen noch recht ungeschickt. Als Babys und Kleinkinder krabbeln wir zu Beginn sehr ungeübt, das Anfassen von Gegenständen fällt uns schwer, und auch bei unseren ersten Gehversuchen sehen wir alles andere als elegant aus. Warum allerdings verletzen sich Babys und Kleinkinder bei ihren ersten Bewegungsversuchen nahezu nie? Selbst dann nicht, wenn sie hinfallen, mit dem Fuß umknicken oder von einem Spielplatzgerät stürzen?

Ohne dass es uns bewusst ist, besitzt unser Körper eine hohe Intelligenz, die ihn vor Verletzungen schützt. Dazu dienen ihm schnelle Muskelfasern, die der tschechische Mediziner Vladimír Janda als phasische oder dynamische Muskelfasern bezeichnet. Mit ihnen gelingt es unserem Bewegungsapparat, sich schnell auf Umwelteinflüsse einzustellen. Das kann das schnelle Korrigieren sein, wenn wir stolpern oder von einer Schaukel runterfallen. Aber eben auch das blitzschnelle Drehen des Kopfes, wenn Gefahr droht. All dies geschieht schneller, als dass wir es bewusst steuern könnten. Im Kindesalter ist unser Körper noch durchsetzt mit dieser Art von Muskelfasern.

Das Problem: Sie brauchen sehr viel Energie. Und so versucht der Körper die nicht benötigten Energiefresser nach Möglichkeit loszuwerden. Wenn eine Bewegung also nicht mehr regelmäßig durchgeführt wird, denkt der Körper: »Die dafür nötigen Muskeln bauen wir ab, so sparen wir Energie.« Ersetzt werden diese Muskelfasern durch tonische oder haltende (Vladimír Janda). Das sind die, mit denen wir eine Haltung stabil über einen langen Zeitraum einhalten können. Zum Beispiel die Wadenmuskeln. Wir können lange stehen. Dabei sind diese Muskeln ständig aktiv, ermüden jedoch nur sehr langsam.

Der Energieverbrauch zwischen den schnellen phasischen und den haltenden tonischen Fasern unterscheidet sich enorm. Im Verhältnis von etwa 10:1, wie es der Mediziner Dr. Claus Schuller auf den Punkt bringt: »Vergleichen Sie das mal mit einem Auto, es ist ein Unterschied, ob es 6 oder 60 Liter verbraucht!« Dieser enorme Unterschied kann zum Problem werden, da wir ständig Energie zuführen müssen, um diese Muskeln zu versorgen.

Der Körper versucht also schon in jungen Jahren, die phasischen nach Möglichkeit durch tonische Fasern zu ersetzen. Wir werden damit zunehmend energieeffizienter. Allerdings eben auch weniger flink, weniger flexibel. Stolpern wir als Kleinkind, korrigiert unser Körper das in Bruchteilen von Sekunden, und damit bleiben wir unverletzt. Im Erwachsenenalter, wenn wir die meisten dieser schnellen Muskelfasern abgebaut haben, endet ein einfaches Umknicken gerne mal mit einer Verstauchung oder Schlimmerem.

Als Kinder drehen wir jedem neuen Eindruck blitzschnell den Kopf zu. Wie ein Reh beim Äsen blitzschnell den Kopf dreht und den Körper zur Flucht ausrichtet, so wieselflink reagiert ein Kind beim Zuwerfen eines Balles. Je älter wir werden, desto behäbiger bewegen wir uns. Da reagieren wir erst, wenn uns der Ball schon gegen die Birne geknallt ist.

In der menschlichen Kommunikation verbinden wir mit diesen flinken Bewegungen somit Jugendlichkeit. Umgekehrt ist Behäbigkeit deshalb ein Zeichen von Alter und den damit verbundenen Eigenschaften wie Erfahrung und Bedachtheit. Denken Sie an Helmut Schmidt. Bevor der Altbundeskanzler auf eine Frage überhaupt geantwortet hat, steckte er sich in Zeitlupe eine Kippe an. Dann nahm er gemächlich zwei Züge. Dann starrte er erst mal regungslos in die Luft. Und dann folgte eine eindrucksvolle Kunstpause. Was er anschließend sagte, haben wir vergessen, aber es muss wohl etwas un-glaub-lich Kluges gewesen sein. Der Eindruck der Langsamkeit vermittelt uns Altersweisheit. Eben das Gegenteil von sprunghafter Jugendlichkeit. Lesen Sie im Kapitel über Sebastian Kurz nach, wie der österreichische Bundeskanzler das zu seinen Gunsten nutzt.

Altersbehäbigkeit fehlt Macrons Körpersprache. Er ist meist schneller als seine Umgebung und wirkt damit so, als sei er es, der mehr Energie hat, der das Tempo vorgibt. Es wurden ihm deswegen schon Unruhe und Hektik vorgeworfen. Das ist durchaus verständlich, wenn das eigene Tempo ein geringeres ist.

> Du kannst einen jungen Bergsteiger am meisten schwächen,
> indem du zu langsam vor ihm kletterst.
> *Heinrich Harrer*

Gesten, Tempo und Missverständnisse

Das Tempo, mit dem ein Mensch Bewegungen macht, ist mitunter entscheidender als die Bewegung selbst. Ein und dieselbe Geste, in unterschiedlichem Tempo ausgeführt, kann die Bedeutung einer Aussage komplett verändern.

Wenn Sie zum Beispiel als Seniorchef in der Firma die junge Assistentin begrüßen und dabei Ihre Augenbrauen weit und lange heben, wird sie das als Wertschätzung wahrnehmen.

Aber Vorsicht, Jungs: Wenn ihr die Augenbrauen nur für einen kurzen Moment nach oben blitzen lasst, postet sie vielleicht »#metoo«.

Das kann man sich merken

Es tut uns gut, wenn wir uns nicht ausschließlich an Parametern wie Kompetenz, Selbstbewusstsein und Erhabenheit orientieren. Eine flinke Körperdrehung, die dynamische Geste oder nur das schnelle Zuzwinkern tragen manchmal mehr zu unserer Attraktivität bei, als wenn wir nur in eindimensionaler Weise nach »Kompetenzwirkung« streben.

Ein kleiner Italiener …

Beim Gestikulieren beginnt Macron mit seinen ausladenden Gesten oft weit weg vom Körper. Schon nach wenigen Sekunden endet er nah an seinem Rumpf und oft mit einer Faust, wie beschrieben. Allerdings eignet sich seine Faust nicht zum Zuschlagen. Dazu müsste der Daumen als unterstützende Kraft die anderen Finger fest umschließen. Mit dieser Faust kann er maximal einen Stift halten, aber keine Fresse polieren.

Stellen Sie sich vor, Sie wollten ein paar Reiskörner mit Ihren Fingerspitzen zu einem Häufchen zusammenschieben. Drehen Sie nun die Hand einfach um, und Sie haben eine typische Macron-Geste. (Und nebenbei haben Sie ein klein wenig Italienisch gelernt.) Wenn

Sie nun die Fingerspitzen ein wenig an den Daumen nach unten schieben, haben Sie die typische Macron-Faust. Sie ist weniger ein Signal des Zuschlagens als vielmehr ein Signal der Präzision. So, als wolle er die Dinge auf den Punkt bringen.

Warum Südländer intensiver gestikulieren

Nahezu jeder hat die oben beschriebene »italienische Geste« schon mal gesehen. Temperamentvolle Araber, wild gestikulierende Spanier und emotionale Brasilianer. Auch der Franzose Macron beherrscht das. Er begleitet seine Worte mit schnellen Hand- und Armgesten, wie ein Zauberer wischt er durch die Luft, und seine Hände führen eine lebendige Choreografie auf. Um die südländische, körpersprachliche »Vielgestikuliererei« besser zu verstehen, muss man ihren Ursprung kennen.

Wenn wir miteinander plaudern, harmonieren wir auf einer übergeordneten Ebene. Intuitiv wissen wir, wann unser Gesprächspartner mit einer Aussage fertig ist, fast zeitgleich heben wir an zu reden. Sobald wir uns dem Ende eines Satzes nähern, beginnt der andere mit seinen Worten. So wechseln wir zwischen Reden und Zuhören hin und her. Das funktioniert in den meisten Fällen sehr harmonisch, selbst wenn wir mit einem Wildfremden sprechen. Denn Menschen sind genaue Beobachter. Am Stimmtonus, den Atempausen und vor allem an der Körpersprache erkennen wir, wann ein Satz zu Ende geht bzw. wann der andere ansetzt, etwas zu sagen. So weit, so gut. Nun gibt es aber Kulturen, zum Beispiel im Mittelmeerraum, wo viel mehr durcheinandergeredet wird. Wenn beispielsweise in Italien Menschen miteinander sprechen, scheint es ein einziges Wirrwarr zu sein. Alle reden und gestikulieren gleichzeitig und schauen dabei im Raum umher. Ja, tatsächlich, der Blickkontakt wird immer wieder unterbrochen. Für ungeübte Ohren und Augen ist das bisweilen irritierend. Schauen Sie mal eine italienische Talkshow im Fernsehen an, und versuchen Sie da mal herauszufinden, wer gerade das Wort führt. Aussichtslos!

Wenn also zwei Menschen durcheinanderquatschen, nützt das Abwarten auf Senken der Stimme, Luftholen und Verändern der Körpersprache nichts, denn es sprechen ohnehin beide gleichzeitig. Um sich in diesem scheinbaren (!) Chaos durchzusetzen, sind die Gesprächspartner gezwungen, ihre Intensität zu erhöhen. Sie müssen deutlicher als nur mit tiefem Einatmen und Stimmmodulation zeigen, dass sie etwas sagen wollen. Und so greifen sie zum offensichtlichen Mittel, nämlich zur Gestik. Damit liegt auf der Hand, dass in Kulturen, wo intensiver und schneller geplaudert wird, mehr Gesten vonnöten sind.

Macron zeigt hier, dass die Gestik ein Mittel ist, um Worten mehr Energie zu verleihen. Natürlich wird der Inhalt damit nicht besser oder schlechter. Aber anhand der Bewegungen, die er zu den Worten macht, erkennen die Zuhörer Dringlichkeit, Bedeutsamkeit und auch Enthusiasmus. Bei Reden von Kollegen wie Kurz, Merkel und Xi brauchen wir Journalisten, die den Reden inhaltlich genau folgen. Denn die sind meist so monoton im Wort, aber auch in der Gestik, dass der Großteil der Bevölkerung sich schwertut, die wichtigen Inhalte vom Blabla zu unterscheiden. Redakteure müssen dann für uns in Schlagzeilen die wirklich bedeutenden Aussagen zusammenfassen.

Ganz anders bei Macron. Seine Gestik verleiht manchen seiner Reden so viel Verve, dass er bisweilen an die revolutionären Auftritte von Umstürzlern erinnert. Und ich spreche hier nur von seiner Körpersprache! Gerade bei ihm fällt auf, wie selbstverständlich und ausladend er gestikuliert. Dabei macht er nur das, was er gewohnt ist.

Ursprung von Gestik

Für das Verständnis der menschlichen Körpersprache muss man ihren Ursprung kennen. Unbedingt! Wer nämlich meint, unsere Mimik und Gestik sei ein Produkt der modernen Zeit und würde sich mit Instagram und Smartphones grundlegend ändern, der kratzt noch nicht mal an der Oberfläche. Denn ich kann es nur immer wiederholen:

Die Körpersprache des Menschen ist älter als der Mensch selbst.

Das heißt, wir können die Signale des Körpers nur verstehen, wenn wir wissen, wofür diese ursprünglich gedacht waren. Spannenderweise ist unsere individuelle Entwicklung, also die Entwicklung von der Zellteilung im Mutterbauch über das Kindesalter bis hin zum Erwachsenen (Ontogenese), zum Teil (!) ein Anschauungsmodell der stammesgeschichtlichen Entwicklung des Menschen insgesamt (Phylogenese). Kurz: Das Heranreifen eines einzelnen Menschen dient uns als bildhafte Vorstellung von der Entwicklung von einer primitiven Lebensform zum Homo sapiens. Nur eben im Schnelldurchlauf. Natürlich vollzieht sich die Evolution nicht in einem einzigen Menschenleben, aber als Anschauungsmodell ist es allemal dienlich. (Bleiben Sie dran. Ich weiß, das klingt kompliziert. Aber es ist eigentlich ganz einfach. Und auch wenn ich jetzt ein wenig wissenschaftlich schlaumeiere, am Ende wird Ihnen ein Licht aufgehen.)

Ein superentscheidender Schritt in der Evolution von Lebewesen war die Koordination der Bewegungen. Zwar bewegen sich Pflanzen auch, sie können sich der Sonne zuwenden und die Blüten öffnen. Aber Grashalme können nicht vor einer hungrigen Kuh oder dem Rasenmäher davonlaufen. Die freie situationsadäquate Bewegung braucht nämlich eine Steuerzentrale. Dafür hat sich das Gehirn entwickelt. Seine ursprüngliche Aufgabe war es, Bewegung zu koordinieren. Falls Sie meinen, Denken wäre die genuine Aufgabe des Gehirns, vergessen Sie das gleich wieder. Das Denken und Reflektieren ist evolutionär eine sehr junge Fähigkeit. Der größte Teil des Gehirns ist nach wie vor, direkt oder indirekt, mit seiner ursprünglichen Aufgabe beschäftigt. Sobald die ersten Lebensformen zu vielfältigerem Einsatz von Bewegungen fähig waren, haben sie diese genutzt, um sich von Feinden ab- und Ressourcen zuzuwenden. Das ist es, was unsere Körpersprache im Grunde ausdrückt. Wegstoß- bzw. Herholbewegungen. Je weiter man in der Evolution voranschreitet, desto besser werden diese Koordinationsfähigkeit und die Feinmotorik. Aber am Grundlegenden ändert sich nichts mehr.

Besonders bei Säugetieren gibt es einen Schub an Koordinations- und damit Kommunikationsgeschick. Abwehr- und Herholbewegungen mit Pfoten und Beinen, wie das Austreten der Pferde, die feinmotorischen Greifreflexe von Eichhörnchen. Folgen wir dem Geschichtsverlauf weiter, landen wir früher oder später bei den Primaten, also bei den Menschenaffen. Die können winken, kratzen, deuten.

Sie sind schon so geschickt mit ihrer Körpersprache, dass wir bei einem Zoobesuch häufig das Gefühl haben, sie seien fast menschlich.

Jedes Körpersprache-Signal basiert auf Abwehr- oder Herholbewegungen.

Betrachten wir nun den Menschen von der Geburt an (und auch wir zählen zu den Primaten), erkennen wir, dass diese evolutionäre Entwicklung im Schnelldurchgang in vergleichbarer Weise abläuft.

Das Baby lernt zuerst, sich zuzuwenden. Zur Mutterbrust, um Nahrung und Geborgenheit zu bekommen. Im nächsten Schritt macht es das bereits mit den Händen. Erste Herholbewegungen führen meistens zum Mund.

Parallel dazu entwickeln sich die Abwehrbewegungen. Wenn das Baby genug getrunken hat, wendet es das Gesicht ab. Es »verfeinert« diese Bewegung mit einem Herausschieben der Zunge. In seiner weiteren Entwicklung lernt es, Dinge mit dem ganzen Körper abzuwenden. Die ersten Strampelversuche bereiten es darauf vor.

Mit jeder Woche entwickelt es mehr feinmotorisches Geschick, bald kann das Kind mit einzelnen Fingern winken, kratzen und deuten. Und zügig lernt es auch die großen, ausschweifenden Gesten. Es haut auf den Tisch, klatscht und reißt die Hände hoch. Mit jedem Einsatz seiner Gestik erhält es Feedback: »Wurde meine Botschaft verstanden?« Und so verfeinert es die Kommunikation seines Körpers. Babys und Kleinkinder sammeln so ein unglaublich großes Arsenal an Ausdrucksmöglichkeiten. Erst wenn sie zu sprechen beginnen, werden manche Körpersignale unnötig. Aber bis dahin haben sich zahlreiche Gesten manifestiert, und jedes Kind gestikuliert beim Reden wie selbstverständlich mit.

Auf der ganzen Welt gilt: Jeder Mensch bewegt sich beim Kommunizieren. Das ist uns so gegeben, bevor wir überhaupt das erste Wort sprechen können.

Emmanuel Macron hat schlichtweg einiges davon beibehalten. Er ist seiner kindlichen Gestik ziemlich treu geblieben. Auch als Erwachsener und Präsident. Und das ist bemerkenswert.

Stillstand als Fortschritt?

Warum aber gestikulieren Erwachsene üblicherweise weit weniger als Kinder? Dahinter steckt nicht nur die Fähigkeit des Sprechens, sondern auch eine soziologische Notwendigkeit. In allen Kulturen werden Menschen ab einem gewissen Alter außerhalb der Familie in Gruppen zusammengefasst. In Kinder- und Jugendgruppen, Kindergärten, Schulen, Vereinen … Mit dem übergeordneten Ziel, das Kind in die Gesellschaft zu integrieren. Diese Integration ist wichtig, sonst wäre eine Ansammlung von Menschen, egal ob große Gruppe oder kleiner Kreis, nicht koordinierbar. Haben Sie schon mal versucht, zehn Kinder beim Kindergeburtstag zu koordinieren? Allein das Überqueren einer Straße kostet Sie Nerven.

Versetzen wir uns mal zurück in prähistorische Zeiten, vor der neolithischen Revolution, als wir noch Nomaden waren und die Dorfgemeinschaft immer wieder weiterziehen musste. Wenn das nicht koordiniert und normiert ablief, sodass jeder wusste, was er zu tun hatte, blieb die Hälfte der Ausrüstungsgegenstände einfach liegen. Oder noch schwieriger: Die Dorfgemeinschaft hungerte schon seit Tagen. Ein Unwetter zog auf, und ein paar hungrige Bären waren in der Gegend. Wenn da jeder eine andere Vorstellung von dem hatte, was zu tun war, wurde das nix. Da musste eine gewisse Form von Disziplin und Uniformität her, um die Gruppe sicher durch die Gefahr zu bringen. Man musste die einzelnen Gruppenmitglieder also koordinieren können.

Und da kommt die Körpersprache ins Spiel. Denn niemand darf zu sehr aus der Reihe tanzen. Und zwar im wörtlichen Sinn. Wer gemeinsam mit anderen einen Bären erlegen will, muss sich genauso anschleichen wie der Rest der Gruppe. Und wer sich vor dem Säbelzahntiger verstecken will, sollte nur ja nicht auffallen. Wer in dem Moment seinem Bedürfnis nach Ausdruckstanz nachgeht, wird schnell aussortiert. Vom Bären und vom Säbelzahntiger. Und falls die Tierchen das nicht tun, wird die Gruppe denjenigen ganz schnell ausstoßen, da der mit seinen Extravaganzen das Kollektiv in Gefahr bringt. Nicht dass es keine Aus-der-Reihe-Tänzer-und-Tänzerinnen gegeben hätte. Aber durch Ausstoßen aus der Gemeinschaft hätte der Mangel an potenziellen Partnern die Reproduktionswahrscheinlichkeit dramatisch verschlechtert. Und genau das ist auch der Grund, warum Ausdruckstanz in der Öffentlichkeit nach wie vor ein Minderheitenprogramm ist. Es liegt also auf der Hand, dass wir Menschen uns im Verhalten weltweit mehr ähneln als unterscheiden. Eine gewisse Form von Einheitlichkeit anzustreben ist ein Erfolgsprogramm, das beim Menschen genetisch verankert ist.

Contenance, bitte!

So lernen wir schon im Kindergarten, in Zweierreihen zu gehen und in der Schule nicht zu sehr mit exaltierten Gesten aufzufallen. Bei unseren Klamotten wollen wir zwar individuell und einzigartig sein, aber doch im Trend liegen. Ob Modefarben, Hipster-Bärte oder Tattoos – bei allem Wunsch nach Unverwechselbarkeit bewegen wir uns immer im Rahmen dessen, was gerade »in« ist – wir neigen zur Uniform. Sind wir nämlich zu exzentrisch, könnte die Gruppe uns ausschließen. Und wir wollen schließlich dazugehören, das gibt uns Sicherheit.

Dies gilt auch für unsere Körpersprache. Nachdem die Gruppe also die Bandbreite vorgibt, wird alles zu laute, zu große, zu intensive an Bewegungen unterdrückt. Schließlich stehen uns im Erwachsenenalter viele Ausdrucksmöglichkeiten und Gesten nicht mehr zur Verfügung. Und jene, die wir zur Verfügung haben, wenden wir mit angezogener Handbremse an. Wir machen sie zwar, aber eben nur angedeutet. Fragt man Kinder: »Wer mag Schokolade?«, flippen sie körpersprachlich fast aus. Reißen einen, nein beide Arme in die Höhe und hüpfen mit dem ganzen Körper auf und ab. Fragt man im Meeting, wer noch Kaffee will, hat sich diese Geste des Aufzeigens zu einer flüchtigen Bewegung des Unterarmes reduziert.

Eben um nicht zu sehr aufzufallen. Wir vermeiden alles, was dazu führen könnte, dass die Gruppe uns schief anschaut und vielleicht sogar ausschließt. Zu sehr sitzt uns noch die Angst im Nacken, im Notfall ganz alleine dazustehen.

Auch wenn wir eine große Vielfalt an Bewegungen von Natur aus mitbekommen haben, mussten wir als Rudelwesen einen Teil davon unterdrücken.

Selbstkontrrrrolllle!

Während der Kindergartenzeit findet der erste Übergang statt. Vom freien, ungehemmten hin zum vollwertig integrierten Element der Gruppe. Geben die Erzieher den Kindern eine Spielanweisung, ist es ganz einfach nötig, dass in diesem Moment alle ruhig sitzen. Auch beim Essen in der Gruppe wird das Kind lernen, die Hände still zu halten. Und beim gefährlichen Überqueren der Straße marschieren sie eben besser in Reih und Glied. Der Ausbruch von Freude, das laute Klatschen und Schreien und spontane Losspringen sind nicht mehr in jeder Situation erwünscht. Noch konsequenter wird das in der Schule vermittelt. Stundenlanges Stillsitzen wird jahrelang praktiziert. Will das Kind einen Beitrag zum Unterricht beisteuern, darf es damit nicht rausplatzen. Es lernt sehr schnell, dass dafür eine einzige uniforme Geste als Vorankündigung erforderlich ist: das Aufzeigen. Und so setzt sich das fort. Bis hin zum reaktionslosen Zuhören in der Uni und im Firmenmeeting. Immer schon mussten wir als Rudelwesen allzu starke Ausbrüche zurechtstutzen. So ganz nebenbei lernt das Kind dabei, seine Handlungen abzuschätzen: »Was wird wohl passieren, wenn ich dies oder jenes jetzt mache?« Es verliert damit Spontaneität und auch Vielfalt in der Körpersprache.

All das ist eine Universalie und keine Besonderheit einer bestimmten Kultur.

Aus diesen Erkenntnissen ergibt sich eine Folge: Menschen unterdrücken ihre körpersprachliche Vielfalt. Mehr oder weniger.

Macron wohl eher weniger. An dieser Stelle fragen Sie sich vielleicht, ob das etwas mit seiner Herkunft zu tun hat. Ja, ob es so etwas wie eine französische, italienische oder sagen wir »südländische« Körpersprache gibt.

Französische (R)Evolution?

Das war jetzt ein großer Bogen, den wir gemacht haben. Der war wichtig, denn wir wollen uns der Sache fundiert annähern. Macron ist in einer Kultur aufgewachsen, die etwas mehr Kör-

perlichkeit in der Kommunikation zulässt. Man vermutet, dass diese kleinen Unterschiede in den Kulturen – und die gibt es – etwas mit der Sonneneinstrahlung und den damit einhergehenden unterschiedlichen Hormonhaushalten zu tun haben. Ohne ein abschließendes Urteil zu fällen: Empirisch könnte das stimmen. Im Unterschied zu Finnland scheint in südlichen Ländern einfach mehr Sonne. Dort wird auch deutlich expressiver mit dem Körper gesprochen. Der Franzose Emmanuel Macron hat seine Ausdrucksvielfalt also nicht nachträglich erlernt. Er hat sie einfach aus seinen Kindertagen bewahrt.

Legt er die Hand auf den Tisch, macht er es nicht mit einer angedeuteten Minibewegung. Bei ihm hört man deutlich das

Auftreffen der Handfläche. Er hämmert bei jedem Wort mit der Faust durch die Luft, so als wolle er uns sein Statement tatsächlich »reinhämmern«. Bei einer freundlichen Begrüßung grinst er bis hinter beide Ohren, er öffnet die Arme weit, bereit, den anderen zu umarmen. Ist er zornig, zeigt er das mit enorm aggressiven Stirnfalten. Umarmt er einen Politikerkollegen, endet es nicht in einer diplomatischen Andeutung. Er umschlingt diesen Menschen, wie es der Durchschnittshamburger nur nach vier Bier machen würde.

> Wer seine Signale eindeutig zeigt,
> erzeugt weniger Missverständnisse.

Aber warum wirkt er damit nicht »gekünstelt«? Ganz einfach: Er hat in seinem Leben nie etwas anderes gemacht. Und damit ist bei ihm Wort und Bewegung noch eine Einheit.

Das kann man sich merken

Niemand soll gekünstelt mit Mimik und Gestik herumfuchteln. Wenn Sie aber ein klein wenig von dem, was Sie als Kind draufhatten, wieder von den Hemmungen befreien, haben Sie Mittel zur Verfügung, die Sie vom Gros der Menschen abheben. Dieses Zusammenspiel von verbaler und nonverbaler Kommunikation lässt uns Menschen das sein, was man üblicherweise als »charismatisch« bezeichnet.

Seine Lehrerin? Brigitte, die Frau an Emmanuels Seite

Was hat Madame Macron mit der Körpersprache ihres Gatten zu tun? Eine ganze Menge! Denn die Wirkung eines Menschen wird auch immer durch die Menschen in seiner Umgebung be-

einflusst. Augenblicklich versucht unser Gehirn das Verhältnis der beiden abzuschätzen, um die betreffende Person besser einzuordnen, was uns wiederum Sicherheit vermittelt. Jedes Staatsoberhaupt wählt also genau aus, ob es einen öffentlichen Auftritt alleine oder in Begleitung absolviert. Deswegen lässt Michelle ihren Barack anders wirken als Melania ihren Donald. Auch die zwei Macrons beeinflussen sich gegenseitig in ihrer Wirkung.

Brigitte Marie-Claude Macron ist 24 Jahre älter als ihr Mann. Und der Altersunterschied ist auf den ersten Blick erkennbar. (Excusez moi, Madame Macron.) Klar, das hinterlässt einen nicht alltäglichen Eindruck. Ähnlich wie bei George Bush, dessen älter wirkende First Lady von der Öffentlichkeit »launig« als seine Mutter bezeichnet wurde, ist auch beim Ehepaar Macron der erste Eindruck überraschend.

Meist sind und waren nämlich Frauen jünger als ihre Männer. Das hat mehrere Gründe. Zum einen sind Männer in ihrer Entwicklung etwas retardierter als Frauen: Ein 14-jähriges Mädchen ist im Schnitt einfach weiter als ein gleichaltriger Junge. Bei manchen bleibt das Verhältnis ein Leben lang so. (Liebe Damen, glauben Sie nicht, ich würde Ihr süffisantes Grinsen nicht sehen!) Nachdem die meiste Zeit in der Menschheitsgeschichte die Reproduktion mit Eintritt der Pubertät erfolgt ist, ist es nur logisch, dass junge Männer etwas später dazu »bereit« sind. Zum anderen können Männer theoretisch bis zum Ableben reproduzieren. Frauen sind mit Eintritt der Menopause limitiert. Somit können ältere Männer mit jüngeren Frauen noch Kinder bekommen. Umgekehrt ist das eben nur eingeschränkt möglich. Nachdem die Partnerschaft in der Menschheitsgeschichte meist mit der Reproduktion verknüpft war, liegt es auf der Hand, dass die Frau als älterer Teil der Partnerschaft eher die Ausnahme ist und war. Das hat einen Einfluss auf unsere Gefühle, wenn wir auf Paare treffen, bei denen das Altersverhältnis umgekehrt ist, auch wenn Partnerschaft und Reproduktion mittlerweile nicht mehr zwangsläufig zusammengehören.

Zudem: Ein höheres Alter vermittelt ein Gefühl von Sicherheit und Erfahrung. Geschlechtsunabhängig. So wurde eben Frau Bush als seine »Mutter« bezeichnet. Und Frau Macron wurde als sein Coach und seine Beraterin vorgestellt. Nun mag ja sein, dass sie ihn coacht. Scheinbar sehr erfolgreich, wie Emmanuels Karriere zeigt. Wobei ich ein wenig die Vermutung habe, dass diese Erklärung eine Menge mehr über uns Unbeteiligte aussagt als über das Ehepaar Macron. Erstens scheinen wir eine vermeintlich vernünftige Erklärung dafür zu benötigen, warum die Frau älter ist. Umgekehrt ist das selten der Fall. Zweitens wird das Alter mit einem Senioritätsprinzip gleichgesetzt. Das heißt, er »braucht« die ältere Frau, sie leitet und lenkt ihn. Ich weiß nicht, ich weiß nicht … Mir scheint das eher eine Offenbarung zu sein, dass wir evolutionär so geprägt sind, dass der Mann älter zu sein hat und wir uns immer noch schwertun, wenn wir ein Paar sehen, bei dem es umgekehrt ist. Was wäre, wenn wir es einfach hinnehmen würden? So ganz ohne Küchenpsychologie.

Erkenntnis

Bewegung und Begeisterung – Macron lebt es

Ja, die Welt der Politik ist körpersprachlich ein düsterer Ort. Wenn eine Raute schon als bemerkenswert gilt, die Redemanuskripte oft mehr Aufmerksamkeit erhalten als die Wähler und Neujahrsansprachen weniger attraktiv sind als die Gebrauchsanweisung eines Stabmixers, sind es Menschen wie Emmanuel Macron, die Schwung in die Szene bringen. Ob Sie sich von seinen Bewegungen inspirieren lassen, bleibt Ihnen überlassen, aber eines steht wohl fest: Er ist eines der besten Beispiele für Agilität und Energie in der Körpersprache.

Sebastian Kurz

Klassensprecher der Nation

»Wenn wir unseren Verkehr so planen, kommen wir nie in Fahrt.« – »24 h Verkehr in Wien.« Auf Plakaten mit solchen Slogans war eine junge Frau zu sehen, die einen verschwitzten Muskelboy anschmachtet. Kurz setzte noch eins drauf, mietete sich ein Auto und ließ in fetten Lettern draufschreiben: »Geil-o-mobil«. So warb er um Zustimmung für den »Rund um die Uhr«-U-Bahn-Betrieb in Wien. Sie warten jetzt sicher auf den intellektuellen Teil. Mmh, das war er schon. Bei Sebastian Kurz gilt: Was wirkt, das zählt. Übrigens war er bei dieser »Geil-o«-Aktion kein um Aufmerksamkeit heischender, spät entwickelter Pubertierender. Sondern Vorsitzender der jungen ÖVP, der bürgerlich-konservativen Partei Österreichs in Wien. Wohlgemerkt mit 21 Jahren. Das ist das Alter, in dem junge Erwachsene üblicherweise von einer Party zur nächsten pilgern, den Eltern vermitteln, dass das Geld zum »Studieren« wieder nicht reicht, und man sich in der WG nicht mal auf einen ordentlichen Putzplan einigen kann. Das ist auch das Alter, in dem das Studium zum ersten Mal gewechselt wird, weil man noch nicht weiß, was man eigentlich will.

Das hat dieser Mann sehr schnell gewusst. Okay, vielleicht nicht genau *was*. Aber *wohin*. Nach oben. Dass dafür seine Außenwirkung das wichtigste Mittel ist, hat er früh erkannt. So verstand er es, Menschen in seinen Bann zu ziehen und bereits mit jungen Jahren sehr »reif« zu wirken. Er kann streitbare Dinge sagen, für die seine politischen Gegner schon mal die Rote Karte bekommen. Er nicht. Denn er weiß, dass das *Wie* oft zielführender ist als das *Was*.

Gestatten, geil!

Wer meint, dass Alter ein Kriterium sei, das erst erfüllt werden muss, um ganz nach oben zu kommen, der sollte von Sebastian Kurz' Körpersprache lernen. Denn er hat bewiesen, dass man auch dann eine breite Akzeptanz erhalten kann, wenn man jünger ist als die meisten Wähler selbst.

Mit 22 Jahren war er Chef der Jungen Volkspartei. Diesmal für ganz Österreich. Das wäre noch nicht sooo außergewöhnlich. Schon eher bemerkenswert ist, dass er mit 99 Prozent der Stimmen gewählt wurde. Und wir sprechen hier erst vom Anfang seiner Karriere. Mit 24 Jahren wurde er zum Staatssekretär für Integration ernannt. Ein höchst sensibles Amt, bei dem viel Fingerspitzengefühl im Umgang mit verschiedenen Interessen verlangt wird. Dann, erst 27-jährig, wurde er in die Bundesregierung berufen, als jüngster Minister in der Geschichte Österreichs. Und sein Ressort war eines der wichtigsten: Ministerium für Europa, Integration und Äußeres. Er war damit also *das* Gesicht Österreichs in der Welt. Der vorläufige Höhepunkt war im Dezember 2017 seine Wahl zum Bundeskanzler und damit zum aktuell jüngsten, frei gewählten Regierungsoberhaupt der Welt. In wenigen Sätzen ist das der Abriss einer Karriere im Sauseschritt. (Falls Sie wieder einmal den Eindruck haben, Ihr Partner sei zu wenig ambitioniert, dürfte Ihnen der Satz »Andere sind mit 31 schon Kanzler« wertvolle Punkte verschaffen.)

Nun klingt das alles so, als ob sein Weg vorgezeichnet gewesen wäre. Wahrscheinlich haben ihm einflussreiche Verbindungen und Seilschaften geholfen. Eines steht aber fest: Egal wie viel Rückenwind man auf dem Weg nach oben mitbekommt, man muss es schaffen, viele, viele Menschen zu überzeugen. Und zwar Menschen, die einem nicht unbedingt wohlgesinnt sind. Zuallererst in der eigenen Partei. Seine Partei, die Konservativen, ist eben genau das: konservativ. Dass man sich dort erst mal die Sporen verdienen muss und man dem Senioritätsprinzip mehr anhängt als dem Jugendwahn, ist am Durchschnittsalter des bisherigen politischen Personals ablesbar. Vorsichtig ausgedrückt: Als 22-Jähriger hat man es in diesem Umfeld schwerer als, sagen wir mal, in einer Start-up-Bude.

Jung, aber nicht blöd!

Alter an sich ist nicht unbedingt ein Hinweis auf Wissen. Sie würden staunen, wie viele junge Menschen mehr und zeitgemäßeres Wissen in den unterschiedlichsten Bereichen haben als ältere. Junge Menschen haben allerdings naturgemäß das Nachsehen im Bereich der Erfahrung. So ist es in den meisten Kulturen der oder die Ältere, der oder die den Vorsitz, die Alphaposition, einnimmt. In Aufsichtsräten von Konzernen ist das auch so. Umfragen belegen, dass Menschen sich als Kanzler oder Präsidenten eher einen älteren Menschen vorstellen. Denn mit einem reiferen Aussehen verbinden wir eben Erfahrung. Und das vermittelt Sicherheit. Bei diesem Kriterium gilt für Sebastian Kurz:

durchgefallen! Alter hat er nicht zu bieten. Wohl aber Wissen. Und die Fähigkeit, dies elegant zu zeigen.

Seine erste Auslandsreise als Außenminister führte ihn auf den Balkan nach Kroatien. Viele Journalisten waren der Meinung, dass die damalige amtierende kroatische Außenministerin Vesna Pusić dem Lehrling Kurz eine Einführung in die Welt der Balkanpolitik geben würde. Doch die Journalisten verstummten ziemlich schnell, als die Kroatin sich höchst angetan über Kurz' fundiertes Wissen diesbezüglich äußerte.

Ich hoffe, Sie waren aufmerksam: Zunächst war Skepsis da!

Ausschlaggebend war sein junges Alter. Er musste also erst beweisen, dass er trotzdem fähig ist. Und das machte er auf die einzig mögliche Art: mit seiner Körpersprache.

Sie werden jetzt sagen: »Falsch! Völlig falsch! Er musste sein Gegenüber mit Wissen erschlagen!« Welch ein Trugschluss! Das gilt auch für Sie: Sie können noch so oft sagen: »Ich kenn mich aus, ich bin kompetent.« Mit hängenden Schultern, herumirrendem Blick, nervösen Fingern und zappeligem Stand wird das nix. In Sachen kompetenter Wirkung kann man durchaus mal »auf Kurz machen«. Deshalb müssen Sie trotzdem keine Grenzen, äh Türen in Ihrem Leben schließen.

Sicher, Intelligenz hat noch keinem geschadet, eine anständige Bildung auch nicht. Kurz hat die Matura (also die österreichische Form des Abiturs), sein Studium der Rechtswissenschaften hat er aber schon nicht mehr abgeschlossen. Zum Studieren hatte der Mann gar keine Zeit. Und das war für seine politische Laufbahn ja erwiesenermaßen auch nicht nötig. Nötig war etwas anderes, um als junger Fuchs im Kreise alter Hasen ernst genommen zu werden: ein bestimmtes Element seiner Körpersprache.

Körpersprachlich alt

Man könnte sagen, er ist (freiwillig) frühzeitig gealtert. Liebe Leserin, würden Sie dieses Opfer bringen? Freiwillig? Sehen Sie! Deswegen sind Sie nicht Kanzlerin!

Kurz macht selten »jugendliche« Bewegungen. Das, was einen Macron (vgl. Macron) so frisch und wach erscheinen lässt, fehlt Kurz. Denn es gibt zwei Faktoren, die ihn körpersprachlich bremsen.

Je geringer Frequenz …

Seine Frequenz ist sehr, sehr gering. Wenn Kurz beim Bingo in seinem üblichen Tempo die Hand heben würde, schnappten ihm sogar die Endachtziger den Sieg weg. Flinke Gesten, blitzartiges Heben der Augenbrauen, schnelle Körperdrehungen? Fehlanzeige. Wer Kurz beobachtet und sich dabei einen älteren, reifen Herrn vorstellt, wird viele Parallelen erkennen. Das war in seiner Karriere sicher ein entscheidender Faktor. Denn Kurz war immer schon der Jüngste. Mit flinken, überraschenden Bewegungen noch mehr auf jugendlich zu machen wäre da kontraproduktiv. Nicht dass er das als Kind nicht gemacht hätte. Er hat wohl einfach gelernt, dass ihm eine gewisse Langsamkeit in seinem Auftritt Erhabenheit und Reife verleiht und ihn auf dem politischen Parkett schneller voranbringt.

… und Amplitude der Bewegungen, desto älter wirken wir

Aber nicht nur das geringe Tempo, also die Frequenz, haut ihm ein paar Jahre drauf. Auch ein zweites Element lässt ihn altern. Er reduziert auch den Radius seiner Bewegungen, verringert also die Amplitude.

Kleinkinder nutzen den vollen Umfang ihrer Bewegungsmöglichkeit. Die Arme weit nach links und rechts ausbreitend, Beine zum Kopf gehoben und an den Zehen lutschen. Die kleinen Verdauungsapparate tun alles, was irgendwie machbar ist. Bis irgendwann die Gelenke dem Bewegungsumfang eine natürliche Grenze setzen. Je älter wir werden, desto geringer wird der Radius. Sehnen, Muskeln und das Skelett hemmen uns zunehmend. Aber das ist gar nicht mal der Hauptgrund. Der liegt in der Gruppendynamik (vgl. Macron). Wir können in der Schulbank nicht mehr so wild herumgestikulieren. Später im Firmenmeeting noch weniger. Und im Altersheim würden wir damit ein Einzelzimmer bekommen. Ganz hinten. Mit Türgriff nur außen. Also lassen wir es lieber bleiben und verlieren irgendwann die Fähigkeit dazu. Um keine Missverständnisse aufkommen zu lassen: jeder individuell. Das heißt, der Wildgestikulierer wird auch im Alter noch mehr gestikulieren als der Merkelianer. Aber eben weniger als noch in jungen Jahren. Somit ist das für uns ein unterbewusstes Signal für Alter. Nennen wir es meinetwegen auch Reife.

Die Bewegungen von Kurz finden sehr eng am Rumpf statt. Seine Gesten reichen nur selten mehr als wenige Zentimeter über seinen Torso hinaus. Für ihn haben sich Langsamkeit (Frequenzverlust) und eingeschränkte Bewegungen (Amplitudenverlust) ausgezahlt. Damit macht er die vermeintlichen Nachteile der Jugendlichkeit, die ihm in seiner Karriere wohl eher hinderlich gewesen wären, mehr als wett. Er wirkt damit reifer.

Da haben wir den Salat

Seit der Flüchtlings»krise« war eigentlich schon mehr als ein Jahr vergangen. Aber es war Wahlkampf, und das Thema Angst ist eben ein großer Wahlmotivator. Und so hat Kurz' Konkurrent, Heinz-Christian Strache, der Chef der rechtspopulistischen Partei FPÖ, im Juli 2017 laut posaunt: »Die Brenner-Grenze muss sofort gesichert, kontrolliert und geschützt werden.« Harte Worte in einem geeinten Europa. Für viele Österreicher etwas zu hart. So hart, dass viele sich von dieser Aussage distanzierten.

Zur gleichen Zeit sagte Sebastian Kurz: »Wir bereiten uns vor, und wir werden unsere Brenner-Grenze schützen.«

Inhaltlich ziemlich ähnlich, und doch haben viel mehr Menschen Kurz' Worten etwas abgewinnen können. Viele hatten nach seiner Aussage das Gefühl: »Ja, wenn er das sagt, wird's wohl das Vernünftigste sein.« Der Grund war nicht der Inhalt, denn der war austauschbar. Der Grund war seine Körpersprache. Er hat den gleichen Inhalt mit Emotionen der Vernunft und Rationalität verknüpft. Wie? Das schauen wir uns jetzt an.

Als Strache über die Schließung der Brenner-Grenze sprach, machte er dazu folgende Geste: Er hielt beide Unterarme angewinkelt auf Brusthöhe vor sich, seine Hände mit den Handkanten nach unten. Während seiner Ausführungen riss er sie immer wieder ruckartig nach oben und unten. Damit hätte er auf dem Oktoberfest Leberkäse im Akkord säbeln können. Wir machen das alle, wenn uns etwas so richtig aufregt. »Mensch, können Sie nicht aufpassen??« Dabei reißen wir auch die Arme nach oben. Jede Aussage bekommt dadurch eine sehr aggressive Note.

Kurz machte das ganz anders. Zwar war die Ausgangsposition die gleiche: beide Arme angewinkelt vor dem Bauch. Seine Hände waren aber keine steifen Handkantenbeile. Bei ihm waren die Handflächen leicht nach oben gedreht und die Finger entspannt. Es sah aus, als würde er eine Salatschüssel vor seinem Rumpf halten. Keine große, eher so eine für einen Singlehaushalt. Während

der Worte über die Grenzschließung schwang er die Schüssel sanft immer wieder Richtung Boden. In dieser Gestik ähnelt Kurz ein wenig Emmanuel Macron, wobei der Franzose die Arme eher so weit ausbreitet, als wolle er eine Badewanne halten.

Bewegungen, die Richtung Boden schwingen,
wirken beruhigend.

»Wir müssen hier die Mittel kürzen.« – »Die Überwachung der Bürger muss verstärkt werden.« – »Es führt kein Weg dran vorbei.« Auch wenn er inhaltlich konfrontative Sätze sagt, mit dieser Bewegung wirkt er trotzdem nicht aggressiv. Das trägt viel dazu bei, dass Kurz' Worte vernünftiger, durchdachter und harmonischer wirken. Und er zeigt diese Geste oft. Sehr oft. Ich glaube ja, dass er mit seiner Salatschüssel in die Geschichtsbücher der Körpersprache eingehen wird. Direkt neben Merkels Raute.

Von oben herab

Noch bevor wir Sebastian Kurz' Seniorenbewegungen oder sein Schüsselschwingen sehen, bemerken wir etwas anderes. Seine Körpergröße. Die hat eine Wirkung, auch wenn niemand Einfluss darauf hat.

Die Körpergröße

Sie fragen sich, was wir von einem Menschen als Erstes wahrnehmen? Nein, es sind nicht die Augen, nicht die Hände, nicht das Gesicht. Es sind einfach die Umrisse.

Die meisten der mindestens 300.000 Jahre, seit es den Homo sapiens, den heutigen Menschen, gibt, haben wir in der freien Natur gelebt. Wir waren allerlei Gefahren ausgesetzt. Tierische Feinde gehörten zu den unberechenbarsten. Bereits auf den ersten Blick mussten wir einschätzen, ob uns ein fremdes Tier gefährlich werden kann oder nicht. Die erste Analyse erfolgte über die Umrisse. Denn ein großes Tier ist potenziell kräftiger als ein kleines. Deshalb registrieren wir zuallererst die »Ausmaße« unseres Gegenübers.

Ich sag's gleich. In diesem Fall ist das Neandertal noch tief in uns verwurzelt. Aber das Signal der Stärke überlassen wir nicht nur unseren Fressfeinden. Wir Menschen nützen es auch, um unsere

Gruppe nach außen stark erscheinen zu lassen. Damals wie heute, ob urzeitliche Dorfgemeinschaft oder moderne Politik – meist wählen wir zum Leithammel den, der uns Stärke und Sicherheit verspricht. Also auch eher ein großes Exemplar. Aber das ist nicht nur ein Signal nach außen, sondern auch innerhalb der Gruppe. Es gibt ihr Orientierung. Was glauben Sie, wie schnell die Fähnchen und Schirme der Touriführer verschwinden würden, wenn die eine Mindestgröße von 1,90 m haben müssten. Und wenn in einem Pulk von Menschen Aufruhr, Unsicherheit und Orientierungslosigkeit herrschen, nützt ein 1,60-m-U-Boot nix. Da wirken lange Lulatsche eben wie Leuchttürme. Sie zeigen uns den Weg.

Große Menschen haben aber noch einen weiteren, sehr offensichtlichen Vorteil: Sie können weiter sehen. Damit erblicken sie Freund und Feind aus der Ferne früher. Liebe Festivalbesucher unter 1,70 m: Ihr versteht.

Nun, was ist groß? Da kommt es natürlich auf den Vergleich an. Der Anführer hebt sich meist vom Durchschnitt der Menschen ab. Im Falle der Politik also vom Wähler. Und das belegen mehrere Studien, wie zum Beispiel eine Analyse, die von dem Politikwissenschaftler Dr. Gregg Murray und dem Historiker J. David Schmitz durchgeführt wurde. Das Ergebnis ist immer gleich: Weltweit sind die meisten Regierungschefs größer als der nationale Durchschnitt.

Mindestens ebenso wichtig ist das Plus an Größe, wenn wir zwei Menschen im Zwiegespräch beobachten. Derjenige, der von oben herab auf den Kleineren schaut, wird anders wahrgenommen. In einer Untersuchung fand die State University of Michigan heraus, dass Unbeteiligte dem größer Gewachsenen Attribute wie gebildeter, erfolgreicher und körperlich stärker zuschreiben. Und das eben nur aufgrund der Körpergröße. Natürlich wollten die Wissenschaftler Belege finden, die diese Attribute in der Realität bestätigen. Sie fanden: nichts. In Wahrheit sind große Menschen natürlich nicht unbedingt gebildeter, klüger oder stärker. Aber man schreibt ihnen das eher zu. Und damit haben sie in der Politik einen Vorteil. Ja, ich weiß, Merkel, mit ihren 1,65 m ist da jetzt nicht so ein tolles Beispiel. Und Macron mit 1,75 m auch nicht. Und Putin mit 1,70 m auch nicht. *AutorläufttrotanundschautverlegenzuBoden*

Moooment! Natürlich gibt es Ausnahmen von der Regel. Aber schauen Sie sich doch mal in Ihrem Unternehmen um. Es ist ziemlich wahrscheinlich, dass die Mehrheit der Führungskräfte eher größer ist. Oder betrachten Sie Fotos von EU- oder NATO-Gipfeln. Sie werden da zwei Dinge beobachten:

1. Sie werden überwiegend Menschen mit überdurchschnittlicher Körpergröße sehen.
2. Kleinere Personen fallen aus der Reihe, und Sie werden den Eindruck haben, dass größere Teilnehmer dominanter wirken.

Noch immer nicht überzeugt? Beobachten Sie sich bei der Partnerwahl: Eines der allerersten Kriterien, wonach für Sie, liebe Leserin, ein Mann überhaupt infrage kommt, ist: Er muss größer sein als Sie selbst. Hah! Touché!

AutorzündetsicheinTeelichtanundhört»Areyoulonesometonight«

Mit seinen 1,83 m ist Sebastian Kurz nicht nur deutlich größer als der Durchschnitt der Österreicherinnen und Österreicher. Er überragt auch die meisten seiner politischen Mitstreiter und nutzt das in der politischen Auseinandersetzung. Bewusst oder unbewusst. Man weiß es nicht ...

Kurz beugt sich, aber nur vor

Den Oberkörper leicht vorgeneigt, vermittelt er den Eindruck, dass er sich zu seinem Gegenüber behütend und wohlmeinend hinunterbeugt. Das hat etwas Väterliches – und wieder wirkt der Jungspund reifer und älter. Von wegen österreichisches Bundesküken. Da fühlt sich sogar Mutti Merkel gut aufgehoben. Sein Herabbeugen hat durchaus etwas Sympathisches, weil er damit Zu-Neigung zeigt.

> **Das kann man sich merken**
>
> Neigen Sie im Gespräch Ihren Kopf ruhig mal dem anderen zu. Äußerliches Zuneigen signalisiert innere Zuwendung. Das fördert die Gesprächsatmosphäre.
>
> Trick 17: Wer dann nämlich eine Quasseltante elegant unterbrechen will, richtet seinen Kopf wieder gerade auf. Sehr subtil zeigt man damit: Die Audienz ist zu Ende!

Kurz und der kleine Lauscherangriff

Kurz verkleinert sich, indem er den Kopf seitlich legt. Damit wirkt er weniger dominant. Außerdem kommen dabei seine Ohren zum entscheidenden Einsatz! Neben dem »väterlichen« Herabbeugen kann Kurz nämlich auch das »mütterliche Ohr«. Kurz und mütterlich? Ja, okay. Da habe ich jetzt ein wenig mit Stereotypen gespielt. Ich erklär's Ihnen gleich. Bleiben Sie dran.

Wenn das Kind weinend vom Kindergarten nach Hause kommt und die Mutter mitfühlend zuhört, wird sie den Kopf zur Seite legen. Sie macht sich damit kleiner und signalisiert Zugewandtheit und Interesse. Zudem wendet sie mit der seitlichen Kopfhaltung ihrem Kind ein Ohr zu. Das macht eine Mutter intuitiv. Diese Signale scheinen uns angeboren zu sein. Sie hört ja deshalb nicht besser. Aber ihr Unterbewusstsein sagt ihr, dass es nicht reicht, selbst gut zu hören. Das Kind soll auch spüren, dass ihm zugehört wird.

Ihnen stößt gerade unangenehm auf, dass ich nur von Müttern spreche. Stimmt schon, auch Väter machen das. Aber Frauen neigen ihren Kopf tatsächlich häufiger als Männer. Kulturunabhängig, und ohne es gelernt zu haben. Obwohl sich die Anatomie von Hals und Nacken bei Mann und Frau nicht unterscheiden. Diese jeweilige Spezialisierung dürfte bisher in der Evolution von Vorteil gewesen sein. So wirkt der geneigte Kopf weniger aggressiv, er wirkt verbindlicher. Das dürfte bei der Bildung von sozia-

len Bindungen unter Frauen eine nicht zu unterschätzende Rolle spielen. Körpersprache, die über Generationen hinweg praktiziert wird, scheint sich von außen, also epigenetisch, zu vererben.

Genau das kann Sebastian Kurz: körpersprachlich vermitteln, dass er zuhört. Er setzt seine Ohren dabei auch richtig in Szene.

Kurz' Nabel

Sebastian Kurz ist ein guter Zuhörer. Ein ausnehmend guter … »Das stimmt doch nicht! Er betet doch nur seine vorbereiteten Sätze runter, egal was sein Gegenüber von sich gibt. Und enden tut er immer mit irgendwas von Balkanroute«, werden mir jetzt seine politischen Gegner zurufen. »Gemach, gemach!«, rufe ich zurück. Sie fallen mir ins Wort! Dabei wollte ich doch hinzufügen: … zumindest auf den ersten Blick! Wenn Kurz zuhört, ist er voll und ganz bei seinem Gesprächspartner. Ob Bürger, Amtskollege oder politischer Gegner. Er zeigt mit seinem ganzen Körper Zu-Wendung. Nicht nur mit seinen Ohren. Davon könnten sich viele Politiker eine Scheibe abschneiden. (Nein, nicht von seinen Lauschern.)

Die Bedeutung des Zuwendens erkennt man sehr schön am Händeschütteln. Viel zu oft sieht man Politiker, wie sie die Hand eines Menschen schütteln, aber mit den Augen schon beim Nächsten sind. Obwohl Körperkontakt besteht, mag sich kein Gefühl der Harmonie einstellen. Das hinterlässt den Eindruck von Desinteresse. Nicht nur beim Geschüttelten, sondern auch beim unbeteiligten Beobachter. Kurz ist da viel konsequenter.

> **Das kann man sich merken**
> Vorbeugen, Kopf neigen, Ohr und Körper zuwenden! Kurz macht es uns vor: mit dem ganzen Körper Zuwendung signalisieren. Das schafft Bindung und Aufmerksamkeit.

Die NN-Regel

Montagmorgen, Hektik in der Wohnung. Frühstück. Die Kinder müssen sich für die Schule fertig machen, man selbst muss ins Büro. Beim Abräumen ruft Mama den Kindern zu: »… und räumt euer Zimmer noch auf!« Ist die Küche einigermaßen sauber, hetzt sie Richtung Bad und ruft dabei den Kindern über die Schulter zu: »Wie schaut es mit dem Zimmer aus?« Im Bad angekommen, lallt Mutter mit Zahnbürste im Mund: »Na? Zimmer sauber?« Die Kinder wissen aber die ganze Zeit: Hier wird noch nicht heiß gegessen! Die Einzige, die in der Bude im Moment Stress hat, ist Mama. Denn die Kinder haben die Worte natürlich verstanden. Aber ob die Worte ernst zu nehmen sind oder nicht, das haben sie an der Körpersprache der Mutter abgelesen. Für die Kinder war ihre Brüllerei höchstens ein lästiges Hintergrundgeräusch.

Botschaften, die nur aus dem Augenwinkel zugeworfen werden, haben wenig Kraft. Kein Wunder, dass Kinder zum Aufräumen ein »abgewandtes« Verhältnis haben.

Wenn jemand mit uns spricht und dabei in eine ganz andere Richtung blickt, wissen wir nie, ob tatsächlich wir gemeint sind. Ist die Botschaft wichtig oder nur eine Belanglosigkeit? Klarer wird es, wenn er oder sie uns das erste N, die Nase, zuwendet. Aber eindeutig ist es, wenn dieser Mensch das zweite N, nämlich den Nabel, zuwendet.

Nase-Nabel

Es reicht nicht, dass der andere nur geistig an uns interessiert ist. Er muss es auch mit seiner Körpersprache zeigen.

Das hat drei positive Folgen:
1. Wir haben das Gefühl, er ist voll bei uns. Wir sind diesem Menschen wichtig.
2. Damit wird jede seiner Aussagen von uns als glaubwürdiger wahrgenommen.

3. Zudem signalisiert er uns damit eine gewisse Exklusivität. Mit dieser Körperhaltung schließt er nämlich andere Informationsquellen weitgehend aus.

Und genau das macht Sebastian Kurz zu einem angenehmen Gesprächspartner. Er dreht Nase und Nabel zu und befolgt damit die NN-Regel. Damit wirkt er aufmerksam. Er zeigt Respekt und Interesse – auch am politischen Gegner. Selbst in TV-Konfrontationen, wo die Diskutanten nebeneinanderstehen, wendet er diese Regel an. Beim Zuhören dreht er sich dabei sogar von den frontalen Kameras weg und mit seinem ganzen Körper seinem Nebenmann, seiner Nebenfrau zu. Das wirkt unglaublich aufmerksam. Er löst damit beim Beobachter das Gefühl aus, hier finde konstruktive Kommunikation statt – was für sich alleine genommen schon ein starkes Wahlargument ist. Die Folge daraus ist aber viel wichtiger: Alles, was Kurz jetzt antwortet, wirkt so, als sei es eine wohldurchdachte Replik auf die Aussage des Gesprächspartners. Man schenkt diesen Worten als Zuhörer mehr Gewicht. Klar wird das, wenn wir uns das Gegenteil vorstellen. Würde sich Kurz seinem Gesprächspartner nicht zuwenden, sondern ihn mit abgewandtem Körper maximal aus den Augenwinkeln anschauen, hätte man von vornherein schon das Gefühl, dass er desinteressiert ist. Seine Antwort würde eher als Gegenargument oder als unpassender Einwurf abgetan.

Verstehen Sie mich nicht falsch! Kurz ist kein besonders mitreißender Redner, der sich von Höhepunkt zu Höhepunkt enthusiasmiert. Allerdings ist seine Körpersprache dem Zuhörer mehr zugewandt als den Unterlagen. Und das alleine lässt seine Inhalte schon gewichtiger erscheinen.

Brüllen Sie Ihre Aufräum-Anweisungen nicht über die Schulter, sondern wenden Sie Ihren Kindern zuerst Nase und Nabel zu. Senken Sie ein wenig den Kopf, und schauen Sie Ihre Kinder aus tiefen Augen heraus an. Unterstreichen Sie, wenn Sie mögen, Ihre Worte rhythmisch mit Gesten: »Und das Zimmer wird noch aufgeräumt!« Glauben Sie mir: Sie können der Putzfrau kündigen.

Opium fürs Volk

Die Augenbrauen – auch bei Sebastian Kurz sind sie ein wirk-
mächtiges Signal. Er hebt sie beim Sprechen auf eine sehr spezielle Art. Dabei geht nur die Mitte der Brauen nach oben, die
äußeren Enden bleiben gesenkt. Ich komme wieder zur mitfüh-
lenden Mutter zurück.

Auch sie wird die Brauen in der Mitte hochheben. Das ist genau das Gegenteil von einer aggressiven Mimik, bei der die äußeren Enden der Brauen gehoben werden, während die Innenseite
unten bleibt (vgl. Macron). Die Mutter zeigt damit Besorgtheit

und Anteilnahme. Das Gleiche zeigt Sebastian Kurz auch. Wer hätte gedacht, dass in dem jungen Typen aus dem Geil-o-mobil so viel Fürsorgliches steckt!

Und genau das ist sein Erfolgsrezept. Er kann offensichtlich auch unangenehme Dinge so vermitteln, dass sie ihm selten übel genommen werden. Es wirkt damit wie: »Komm, wir klären das, ich hab auch ein Bärchenpflaster für dich«, und schon schmilzt selbst der größte Kritiker dahin.

Wenn wir alle Signale zusammen beobachten, nämlich die völlige Zuwendung zum Gegenüber, dabei den Kopf leicht geneigt, die Augenbrauen in der Mitte gehoben und die Gestik sanft Richtung Boden schwingend – mein lieber Schwan, da kommt so viel Wohlwollen, Sanftheit und Geborgenheit auf, da kann man schon mal die Grenzen schließen.

Was Kurz und Flipper gemeinsam haben

Kurz hat noch eine Geheimwaffe, die ihm Sympathien einbringt: seine Mundform. Ich würde mal sagen, sie bringt ihm sogar Wählerstimmen. Wenn er lächelt, dann lächelt er nicht verhalten, sondern zieht seinen ohnehin großen Mund bis fast an die Ohren. Auf diese Weise wirkt selbst ein Lächeln mit geschlossenem Mund sehr einladend. In der Liga spielt sonst nur Julia Roberts.

Beachten Sie auch die äußersten Enden seiner Mundwinkel. Sein Mund geht beim Lächeln nach oben, und erst das letzte Eckchen knickt ganz leicht wieder nach unten. Das wirkt kindlich und ist damit positiv besetzt. Im Übrigen ist genau das der Grund, warum Delfine auf uns so freundlich wirken. Ihre Mundwinkel haben eine ähnliche Form.

Links vor rechts

Ob er dem politisch zustimmen würde, weiß ich nicht. Aber seine Mundwinkel tun es. Sebastian Kurz lächelt asymmetrisch. Nein, liebe Kaffeesatzleser, es steckt keine politische Aussage dahinter. Auch gibt es keinen Rückschluss auf seine Gehirnhälften. Da ist sich die Wissenschaft ziemlich einig. Aber es hinterlässt beim Beobachter ein zweifelhaftes Gefühl.

Das Gehirn tendiert dazu, mimische Signale annähernd symmetrisch auszusenden. Wir heben vor Erstaunen eben beide Augenbrauen, und beim Lächeln gehen beide Mundwinkel nach oben. Was aber, wenn nur eine Braue nach oben geht? Oder in Kurz' Fall nur ein Mundwinkel? Dann ist das Gehirn – salopp gesagt – nicht voll entschlossen. Findet es die Sache lustig oder nicht? Einerseits ja, andererseits nein. Da kann leicht der Eindruck von Zynismus entstehen.

Die Frisur als Lebenseinstellung

Über seine Frisur wurde schon viel sinniert. Mittellanges, nach hinten gelegtes Haar, wahrscheinlich mit einer großen Portion Haarfestiger in Form gehalten. Was will er damit sagen?

Na, na, lieber Leser und liebe Leserin, wir wollen hier nix reininterpretieren, was am Ende doch nur reine Spekulation wäre. Ahaaaaber, Herr Kurz wirkt damit. Dieser Hairdo ist auf Baustellen, bei Müllabfuhrmitarbeitern und Bauern nur äußerst selten zu sehen. Warum? Weil er unpraktisch ist. Wer sich oft bücken muss, in der prallen Sonne arbeitet oder viel mit Schmutz in Berührung kommt, wählt einen Hairstyle, der dafür praktikabler ist. Schon eher findet man das elegant zurückgekämmte Haar bei Rechts- und Wirtschaftsstudenten. Und zwar nicht bei den Revoluzzern, die die Gesellschaft umkrempeln wollen, sondern eher bei denen, die sich dem Establishment zugehörig fühlen. Und das auch zeigen wollen. Klischee? Aber sicher doch – wenn auch mit wahrem Kern, wie man auf den meisten Universitätscampus sehen kann. Ob Kurz sich wirklich so fühlt? Ich weiß es nicht, aber seine Haartracht wirkt auf alle Fälle nicht sehr »handwerklich«.

Zu viel Haarfestiger für die Körpersprache

Betrachtet man Fotos und Videos von Sebastian Kurz, fällt auf, dass seine Frisur immer toll sitzt. Und nicht nur das, auch seine Haltung zeigt keine Ausrutscher, wie es uns allen dann und wann passiert.

Haben Sie an der roten Ampel mal einen Blick auf andere Autofahrer geworfen? Sie werden dort Nasenbohrer, Müdedreinschauer, Fingernägelzupfer und Pickeldrücker sehen. Wenn wir uns unbeobachtet fühlen, lassen wir die Zügel gerne etwas locker und verlieren Haltung. Sebastian Kurz? Nie! So scheint es zumindest. Der Herausgeber eines großen österreichischen

Nachrichtenmagazins berichtete mir, Kurz würde sogar bei Bergtouren im Hochgebirge niemals seine Haltung verlieren. Selbst in der Berghütte sieht man ihn weder lümmeln noch sich im Ton vergreifen. Ob mit Helm auf dem Kopf und Steigeisen an den Füßen oder beim Verlesen des Regierungsprogramms: Seine aufrechte, etwas unbewegte Haltung ist immer die gleiche.

Besonders im Kreise von Diplomaten ist das eine wichtige Fähigkeit. Dort ist es entscheidend, auch in emotionalen Phasen niemals die Contenance zu verlieren. Schließlich geht es nie um die persönliche Befindlichkeit, sondern um etwas viel Größeres, nämlich das Wohl des Staates. Diese Haltung geht natürlich auch mit einer gewissen Distanziertheit einher.

Kurz versucht, dem etwas entgegenzusetzen. Deswegen zieht er die klassische Politikerochsentour durch und geht schon mal ins Bierzelt, spricht in Schulen und besucht Seniorenheime. Doch wirkliche Volksnähe scheint sich nicht einzustellen. Denn auch dort erscheint Kurz meist im dunklen Anzug, er verliert niemals die aufrechte Haltung, und seine Sprache bleibt gleich erhaben. Er scheint zu vergessen, dass es weniger um die Tätigkeit an sich geht, als vielmehr darum, wie er sich bei dieser Tätigkeit gibt.

Nun darf man hier nicht gleich ins Extrem verfallen, denn niemand erwartet von ihm, dass er halb betrunken an einer Theke lümmelt, um Volksnähe zu demonstrieren. Er würde aber schon ganz anders wirken, wenn er seine Haltung ein wenig entspannen würde. Vor allem sollte er beim Händeschütteln, bei gemeinsamen Fototerminen und bei Plaudereien seine Hüften näher »ans Volk« bringen. Kurz ist nämlich wohl mit dem Oberkörper zugeneigt. Seine Beine bleiben aber meist auf Distanz. Würde er wirklich Nähe zeigen wollen, wäre er auch im Hüftbereich »volksnah«.

Mit all dem würde Sebastian Kurz niemals ein Niveau unterschreiten – aber gleichzeitig authentischer wirken, seine Vielfalt erhöhen und damit die Gefühle vieler verschiedener Menschen erreichen. Macht er das nicht, läuft er Gefahr, eine zu kleine Zielgruppe anzusprechen.

Erkenntnis

Kompetenz und Sachlichkeit – Kurz kann es

Nicht das Alter in Zahlen ist für eine erfolgreiche Außenwirkung entscheidend – es ist die Körpersprache. Sebastian Kurz demonstriert eindrucksvoll, dass man Seniorität bereits im beinahe postpubertären Alter ausstrahlen kann.

Er ist aber zugleich eine Warnung an all jene, für die »ernst genommen werden« und »seriös wirken« das einzig Erstrebenswerte in der Gesellschaft ist und die sich schon mit 25 Jahren im Konzernaufsichtsrat sitzen sehen. Am blank polierten Eichentisch, im Goldknopfsakko und mit Siegelring. Wer nicht auch eine gehörige Portion Begeisterungsfähigkeit, Agilität und Leichtigkeit nach außen zeigt, wirkt nicht nur alt. Er wird auch zu wenig von der Wirkung dieser Eigenschaften profitieren. Genau das könnte Sebastian Kurz auf die Füße knallen.

Xi Jinping

Der nette Onkel von nebenan

Liebenswürdig. Könnte der Herr auf diesem Bild etwas anderes außer liebenswürdig sein? Er wirkt wie der freundliche Apotheker von nebenan, der einer älteren Dame geduldig die Dosierung der Blutdruckpillen erläutert. Oder wie der nette Opa, der auf der Parkbank sitzt und den Kindern fürsorglich beim Spielen zuschaut. Er könnte auch der zufriedene Aufsichtsratsvorsitzende sein, der den jungen Managern das Gefühl von Wohlwollen und Bestärkung aussendet. So in etwa wirkt er.

Dieser nette Herr von nebenan, der hier so freundlich und sanftmütig dreinschaut, ist einer der mächtigsten und machtbewusstesten Menschen auf dem Planeten. Er hat sich selbst mit mehr Machtfülle ausgestattet als die meisten seiner Vorgänger im modernen China. Er hat nicht nur das Militär geschlossen hinter sich gebracht, abtrünnige Provinzfürsten in die Schranken oder ins Straflager verwiesen, sondern auch ein Programm initiiert, das jeden einzelnen Chinesen zum gläsernen Bürger macht. Seine Vorgänger Jiang Zemin, Hu Jintao und Langzeitparteiführer Deng Xiaoping hatten das Gleiche vor. Doch was Machtfülle und Tempo betrifft, spielt Xi Jinping in einer ganz eigenen Liga, wie vor ihm nur Staatsgründer Mao Zedong – so die Meinung von Chinaexperten.

Allein seine Körpersprache lässt auf den ersten Blick nicht darauf schließen. Ganz im Gegenteil. Auf dieser Ebene scheint eine Diskrepanz zwischen dem Erscheinungsbild von Xi Jinping und seiner politischen Agenda zu bestehen. Man kennt das ja: »Die, die am harmlosesten aussehen, sind die Schlimmsten!« Doch wer beim Anblick von Xis sanfter Mimik argwöhnisch wird, muss schon verdammt viel Misstrauen in sich haben.

Wer lächelt, ist harmlos. NOT!

»Die Chinesen lächeln ja alle ständig«, sagt Tante Hildegard.

»Welch Klischeereiterei«, sagen Sie als Weltenwandler. Stimmt, es ist keineswegs so, dass die Chinesen den ganzen Tag vor sich hin lächeln. Also gleich vorweg: Wer meint, dass »die Asiaten grundsätzlich so sind«, besucht die falschen Massagesalons. Aber das Ding mit den Stereotypen ist ja, dass sie manchmal stimmen. So ist in der Kommunikation von Ostasiaten das Lächeln tatsächlich präsenter als, mmmmh, in Wien. Oder eben in Russland. Wie übrigens eine Studie des Psychologen Kuba Krys aus dem Jahr 2015 bestätigt.

Xi lächelt viel. Sobald er einen anderen Menschen oder eine Kamera sieht, beginnt er zu lächeln. Zwar zurückhaltend, aber er lächelt. Das wirkt vom ersten Moment an schon ziemlich sympathisch. Diese Wirkung ist tief verankert im ursprünglichen Zweck des Lächelns.

Der Ursprung des Lächelns

Vielleicht ist das alles leichter zu verstehen, wenn wir die Genese des Lächelns kennen. Der Ursprung dieser Mimik liegt ja nicht in der Sympathie. Nicht jeder Mensch, der Sie anlächelt, findet Sie sympathisch. Das Zurückziehen des Wangenmuskels signalisiert schon bei unseren tierischen Verwandten, den Primaten: Ich mach dir deinen Platz nicht streitig. Es ist also ein Signal der hierarchischen Unterordnung.

Wenn Sie zum Termin bei Ihrem Chef im Büro erscheinen und aus Versehen Ihre Kaffeetasse über all seine Unterlagen schütten, dann machen Sie Folgendes: Sie ziehen blitzartig die Wangenmuskeln nach hinten, heben die Augenbrauen und ziehen ruckartig Luft ein. Mimisch ist das eigentlich ein Lächeln. Aber Sie tun das nicht, weil Sie Ihren Chef so wahnsinnig sympathisch oder lustig finden, sondern weil es Ihnen peinlich ist und Sie sich vor der Schelte schützen wollen. Genau aus diesem Grund lächeln Sie den Polizisten an, der Sie beim zu schnellen Fahren erwischt und nachdrücklich um eine Unterredung bittet. Finden Sie das wirklich lustig? Nein, natürlich nicht! Sie wollen ihm damit einfach zeigen, dass Sie nicht auf Konfrontation gehen wollen.

Der chinesische Staatschef ist zwar keine Friedenstaube, aber er zeigt mit seinem Lächeln, dass er keinen Stunk beginnen will. Deswegen wirkt Xis Mimik beruhigend.

Xis physiognomischer Vorteil

Xis Mimik wird durch eine physiognomische Eigenheit besonders betont. Was bei Europäischstämmigen die Muskeln machen, ist bei ihm angeboren. Aber der Reihe nach.

Fürs Lächeln optimiert

Wenn Menschen lachen, ziehen sie die Wangen gleichzeitig nach hinten und oben, damit verdickt sich der Bereich um das Jochbein. Und die Unterlider werden ein wenig nach oben geschoben. Zudem aktivieren wir auch den *Musculus orbicularis oculi*, den Augenringmuskel. Der zieht die Augen ein wenig nach hinten. Sie bemerken das, wenn Ihnen vor Lachen die Tränen kommen. Dann kontrahiert dieser Muskel so stark, dass er auf die Tränendrüse drückt. Und schon rinnt es. Der ist also der Grund, wenn bei Mario Barths Witzen die Tränen fließen. (Man weiß nur nicht genau, ob vor Lachen oder Weinen.) Optisch formen diese Muskelaktivitäten die Augen zu Schlitzen. Und genau das haben Ostasiaten ohnehin schon. Ihre Gesichtsform betont ein klein wenig die Wangen, und die Augen sind etwas in die Länge gezogen. Gepaart mit einem Lächeln wirkt dieses Gesicht damit noch freundlicher.

Kein Markt für Oil of Olaz

Bei der Vorteilsausgabe von Mutter Natur sind Xi und seine Landsleute gleich zweimal bedacht worden. Er hat für jemanden, der über 60 ist, eine sehr glatte Haut. Das wirkt verdammt jung. Bei allem Respekt: Da frisst einen echt der Neid.

Koreaner, Japaner und auch Chinesen haben einen etwas anderen Hormonhaushalt als Europäer und Afrikaner. (Amerikaner und Australier habe ich hier mal ausgelassen, denn die stammen zum größten Teil von den beiden Letztgenannten ab. Ausgenommen indigene Völker. Auch bei denen ist der endokrine Haushalt unterschiedlich.)

Ostasiaten haben einen geringeren Testosteronspiegel. Allerdings nur bis ca. zum 30. Lebensjahr. Danach entspricht er in etwa dem der anderen Ethnien. Allerdings sind bestimmte Rezeptoren anders, und damit wird das verfügbare Testosteron vom Körper weniger effizient verarbeitet. Besonders ein Enzym, das das Prohormon Testosteron in das Hormon DHT verwandelt. Dieses DHT ist ein virilisierendes Androgen. Nein, nein, das ist nix Erotisches. Bleiben Sie ruhig! Es ist aber in hohem Ausmaß dafür verantwortlich, dass Männer ab der Pubertät etwas anders aussehen als Frauen. Da bei Ostasiaten der Rezeptor, der das DHT im Körper verfügbar macht, weniger aktiv ist, hat das zur Folge, dass die typischen »männlichen« Äußerlichkeiten schwächer ausgeprägt sind. Sie haben weniger Gesichtsbehaarung, oftmals sind ihre Stimmen etwas höher, und der Alterungsprozess ihrer Haut schreitet langsamer voran.

Mit dieser genetischen Eigenschaft können Sie nicht mithalten, selbst wenn Sie Oil of Olaz zum Frühstück fressen.

Die angeborene Mimik des Lächelns und das wenig faltige Gesicht sind Eigenheiten, für die Xi nichts kann, ihn aber im Ausdruck freundlicher und jünger erscheinen lassen. Wobei er Letzteres selber konterkariert, wie wir später sehen werden.

Ein Routinier – auch beim Lächeln

Xis Mimik strahlt viel Ruhe und Wohlwollen aus. Alles, was er sagt, scheint sanft zu sein. Denn sein Mund bewegt sich oft sehr nah in Richtung eines Lächelns. Sein *Musculus zygomaticus major,* der für das Zurückziehen der Wangen verantwortlich ist, ist nicht bis zum Äußersten angespannt. Er ist nur leicht aktiv. Damit zeigt er nicht dieses bemühte Lächeln, das so schnell ins Fratzenhafte abgleitet. Bei ihm ist es wie selbstverständlich ins Gesicht gezeichnet. Warum? Weil er es so oft macht. Damit wirkt er glaubwürdig.

Durch die Zusammenarbeit mit Medizinern und Sportwissenschaftlern wird mir immer mehr bewusst, dass Muskeln erst durch Training sowohl kräftig als auch feinmotorisch bewegt werden können. Wer etwas selten tut, wirkt in dieser Bewegung hölzern. Wenn Sie das erste Mal auf einem Snowboard stehen, werden Sie sehr ungelenk wirken. Erst nach vielen frustrierenden Stunden des Übens sehen Sie so elegant aus wie die Jungs und Mädels aus den Actionfilmchen von Red Bull. Das Gleiche gilt für jede noch so banale Tätigkeit. Ob Holzhacken, Gemüseschneiden oder Mit-Stäbchen-Essen. Die Übung macht es. Nachdem Mimik, Gestik und Haltung letztlich nichts anderes

als Muskelbewegungen sind, muss das folglich wohl auch für die Körpersprache gelten. Wer so selbstverständlich lächeln will wie Xi Jinping, erreicht das nicht, wenn er zu oft ein angestrengtes, ernstes oder sogar verärgertes Gesicht zeigt. Er muss dieses entspannte Lächeln über lange Zeiträume praktiziert haben. Damit wirkt dieser sympathische Ausdruck authentisch. Wenn Menschen unter Fremden jemanden auswählen, um nach dem Weg zu fragen, suchen sie sich bevorzugt einen leicht lächelnden Menschen. Wie es eine Studie des Sozialpsychologen Robert E. Kraut und des Verhaltensforschers Robert E. Johnston bestätigt. Lächeln ist ein soziales Signal, das einladend wirkt. Haaaallooooo!!! Das war ein Wink mit dem Zaunpfahl. Für uns alle!

Ein Gesichtsausdruck, bei dem die Mundwinkel etwas näher am lächelnden als am ernsten Gesicht sind. Der ist es!

Das kann man sich merken

Sie kennen das Gefühl, wenn Sie etwas Gutes gegessen haben und dazu vielleicht ein schönes Glas Wein hatten? Diese zufriedene, entspannte Emotion? Diesen Gesichtsausdruck sollten Sie üben. Dabei werden Ihre Gesichtsmuskeln entspannt sein, und die Andeutung eines Lächelns wird sich in Ihrem Gesicht zeigen. Wenn ich jetzt von einem Buddha-Lächeln spreche, ist das im Zusammenhang mit einem chinesischen Politiker selbst mir zu viel Klischee. Vielleicht können wir uns auf Mona Lisa einigen? Beiden ist nämlich gemein, dass sie mit der Andeutung eines Lächelns dargestellt werden. »Alles wird gut.«

Damit sind zwei Funktionen erfüllt:

1. Sie wirken ungefährlich. Ihre entspannte Lächelmimik lässt jegliche Aggressivität missen.
2. Sie zeigen Souveränität. Denn nur im Stress spannen sich viele Muskeln und somit auch Gesichtsmuskeln an, und das lässt uns angestrengt aussehen.

Geschlossen gleich verschlossen?

Sein Lächeln wirkt sympathisch, aber zurückhaltend. Es springt einem nicht sofort ins Gesicht. Xi zeigt nämlich seine Zähne nicht. Er hält den Mund meist verschlossen. Und wenn er doch mal mit geöffnetem Mund lächelt, dann schnappen die Lippen schnell wieder zu. Dabei wirkt ein Lächeln mit leicht geöffnetem Mund besonders offen und ruft ungleich mehr Zustimmung hervor. Auf Werbeplakaten werden deswegen Models angehalten, beim Lächeln die Lippen ein klein wenig zu öffnen. Und wenn bei einem tollen Bild der Mund verschlossen ist, wird schon mal mit Bildbearbeitung nachgeholfen. Falls Sie sich wundern, warum Politiker auf einem Wahlplakat »fremd« aussehen, hat das manchmal damit zu tun, dass sie etwas machen, was sie sonst nie tun: Sie lächeln mit geöffnetem Mund.

Xi macht das nicht, sein Mund bleibt meist verschlossen. Deswegen fehlt bei ihm das letzte Quäntchen Offenheit im Gesicht. Wir wollen das nicht überbewerten, denn insgesamt erzielt er mit seiner Mimik eine positive Wirkung.

Geneigt, nicht abgeneigt

Verstärkt wird Xis Lächeln durch die Haltung seines Kopfes. Sehr gerne neigt er seinen Kopf ein wenig zur Seite. Ein geneigter Kopf macht es den Muskeln, die den Kopf stützen, schwer, Stabilität aufzubauen.

Denn in der Genese der Aggressivität steckt immer das Zustoßen mit dem ganzen Körper. Kopf voraus. Und das wäre mit seiner Kopfhaltung nicht möglich (vgl. Macron und Kurz). Er vermeidet also eine angriffslustige Erscheinung. Um es bildhaft zu machen: Wenn seine Volksarmee so an den Grenzen zu Indien patrouilliert, schicken die maximal die Freiwillige Feuerwehr vorbei.

Spricht Xi mit anderen Menschen, sendet er damit ein Signal der Zugeneigtheit aus: Er wirkt wenig aggressiv und leiht seinem Gegenüber ein Ohr. Zudem ist es ein Signal der Verkleinerung. Das verstärkt den Eindruck der Harmlosigkeit (vgl. Kurz).

> ## Das kann man sich merken
> Für uns gilt: Wer vom ersten Moment an sympathisch und einladend wirken will, kann sich hier von Xi Jinping zwei Dinge abschauen: Den Kopf sanft zur Seite neigen und damit ein Ohr ein klein wenig zuwenden. Toppen Sie Xi, indem Sie beim Lächeln den Mund eine Spur öffnen.

Verbeugen, nicht verbiegen

Franz Lehár hat in seiner Operette *Das Land des Lächelns* das Bild von den freundlichen Ostasiaten geprägt. Das verwöhnte Töchterchen aus gutem Wiener Hause verliebt sich in einen chinesischen Prinzen. Weil der so höflich, zurückhaltend und gut erzogen ist. Also, was ist dran am Klischee vom »höflichen Asiaten«?

Wenn Sie in einem deutschen Lokal nur Leitungswasser bestellen, fliegen Sie raus. Beim Chinesen ums Eck verbeugt sich der Kellner dafür sogar noch. Aber hey, Verbeugen an sich ist keine chinesische Spezialdisziplin, das machen andere Kulturen auch. Beim Begrüßen nickt nahezu jeder Mensch kurz mit dem Kopf. Und damit ist die gleiche Funktion erfüllt. Es bedeutet nämlich immer: Ich mache mich kleiner und ordne mich dir unter. Bei Japanern oder Chinesen fällt es nur deswegen auf, weil sie es viel deutlicher machen. Wenn auch mit dialektalen Unterschieden. Die japanische Bewegung ist oft ruhiger und tiefer, die chinesische schneller und ruckartiger. Die Chinesen sind also so was wie die Italiener unter den Ostasiaten.

Verbeugen in seiner ausführlichsten Form heißt ja eigentlich, sich mindestens tiefer zu beugen, als das Haupt des anderen hoch ist. Das kann schon mal zu bemerkenswerten Szenen in der Spitzenpolitik führen. Als nämlich der lange Lulatsch Obama (1,85 m) sich vor dem japanischen Kaiser Akihito (1,65 m) verbeugte. Der wurde dafür von manchen stark kritisiert, weil diese tiefe Verbeugung eben als US-amerikanische Unterord-

nung zugunsten der Japaner verstanden wurde. Dabei hat Obama einfach nur einer ostasiatischen Tradition entsprochen.

Möglicherweise wurde da zu viel hineininterpretiert. Denn wenn sich Xi Jinping tief verbeugt, glaubt auch niemand ernsthaft, dass er sich seinen Zuhörern unbedingt in der Sache unterordnet. Vielleicht kann man die Verbeugung des chinesischen Staatschefs eher mit der von Sportlern vergleichen. Die verbeugen sich auch zuerst, um sich anschließend aufs Maul zu hauen. Vor allem bei asiatischen Kampfsportarten ist die Verbeugung Pflicht. Auch wenn der Kampf grob wird, zeigt die Geste doch eine große Portion Respekt.

Wie viele kulturelle Eigenheiten geht auch diese immer mehr verloren. In vielen Businessmeetings, besonders unter jungen Unternehmern, wird die Verbeugung »verwestlicht« und nur noch mit einem Kopfnicken angedeutet. Auf meinen Reisen nach Ostasien habe ich in den letzten Jahren mehr Gettofäuste zur Begrüßung erhalten als Verbeuger. Womöglich wird das Kopfnicken früher oder später genauso uniformiert daherkommen wie die Geschäftskleidung. Da haben die üblichen Herrenanzüge und Businesskostüme das traditionelle Gewand auch schon in die Volksfeste verdrängt.

Xi – ein wandelndes Fragezeichen

Hat sich Xi vielleicht ein paarmal zu oft verbeugt, sodass sich diese Bewegung bei ihm festgesetzt hat? Zumindest wirkt er so. Betrachtet man nämlich seine ganze Statur, bemerken wir eine gebeugte Haltung. Sein Kopf ist nach vorne geneigt, und er hat ein ziemliches Hohlkreuz, was wiederum seinen Bauch größer

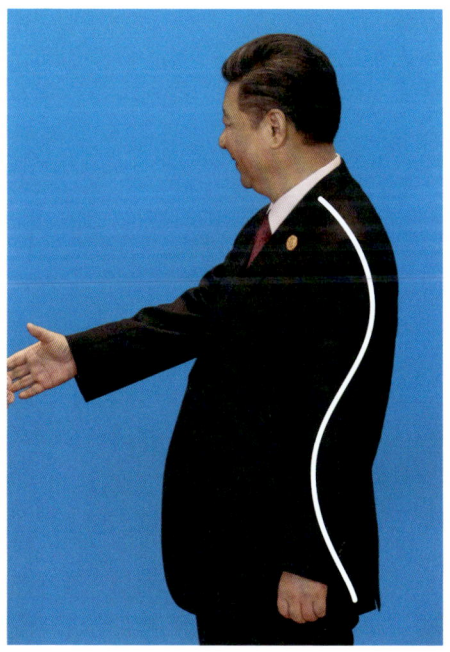

231

wirken lässt, als er eigentlich ist. Das ist die klassische Smart-phonehaltung. Allerdings wage ich zu behaupten, dass sie bei Xi nicht vom Handysurfen kommt. Oder kennen Sie einen Snap-chat-Account von ihm? Über den Grund dieser wenig aufrech-ten Haltung können wir nur Vermutungen anstellen. Aber im Endeffekt ist das Warum für uns Beobachter weniger interessant als vielmehr die Wirkung, die er damit erzielt: die eines eher be-häbigen, etwas älter wirkenden Mannes. Wohlgemerkt, der Herr ist Jahrgang 1953 und damit noch nicht wirklich alt. Was also ist mit Xi passiert?

Musculus gluteus maximus

Mit zunehmendem Alter ökonomisiert der Körper. Das heißt, alle Muskeln, die nicht mehr ständig gebraucht werden, werden elimi-niert, genauso wie ein nicht mehr benötigtes Zeitungsabo. Zualler-erst jene Muskeln, die die meiste Energie kosten. Interessanterwei-se sind das die, die uns aufrecht auf zwei Beinen halten. Ohne die wir also wieder auf alle viere fallen würden und beim Pinkeln das Beinchen heben müssten wie ein Hund.

Der Größte dieser Muskeln zum Aufrichten des Körpers ist der *musculus gluteus maximus*. Das Fachpublikum kennt ihn unter Gesäßmuskel oder »Knackarsch«. Dieser sitzt genau am Becken, also am Drehpunkt der Aufrichtung. Er ist sehr groß und bildet richtige kleine Kugeln, auch liebevoll Äpfelchen genannt. (Frauen, hört auf mit der Tagträumerei, wir kommen hier mit dem Stoff sonst nicht durch!) Affen haben an der Stelle wenig mehr als nur labbrige Haut. Sie brauchen den Gesäßmuskel auch nicht in dem Ausmaß, da sie nicht aufrecht, sondern größtenteils auf allen vier Extremitäten laufen. Beim Menschen muss er aber groß und kräftig sein. Denn seine Gegenspieler, *musculi iliopsoas* oder Hüftbeuger genannt, wollen den Oberkörper ständig nach vorne beugen und uns wieder in den Vierfußstand ziehen. Diese zwei Muskelgruppen bilden ein fein austariertes Gleichgewicht, das unsere Hüfte in ei-ner aufgerichteten Position hält.

Im Großen und Ganzen ist es leider so, dass die Muskeln, die uns auf allen vieren halten, deutlich weniger Energie kosten als die, die

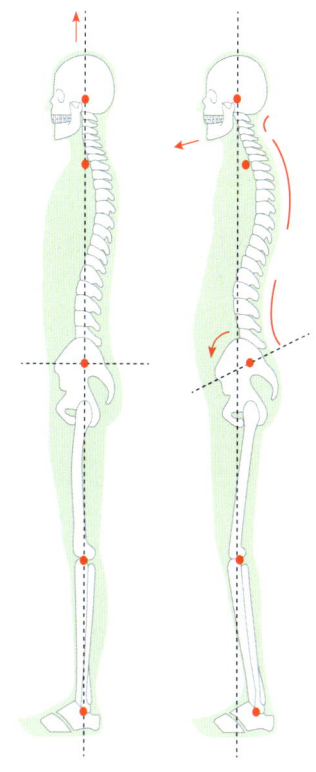

uns aufrichten. Wer nun viel sitzt, braucht aber die Muskeln zum Aufrichten nicht. Deshalb bauen wir die bereits mit Beginn der Pubertät ab. Sichtbar wird das bei den größten, eben den beiden Gesäßmuskeln. Die beiden Äpfel schrumpfen im Laufe der Jahre zusammen wie vertrocknendes Obst. Bei Männern. Bei Frauen war die Natur wieder mal cleverer. Sie hat sich gedacht: »Na, wenn die Muskeln kleiner werden, dann wird da ja Platz frei. Ooooooch, da findet sich doch sicher Material, mit dem wir das wieder auffüllen können.« Deswegen wird bei Frauen der Hintern nicht kleiner, obwohl die Muskeln atrophieren.

Die gesundheitliche Konsequenz bei Mann und Frau ist: Der *musculus gluteus maximus*, also der große Gesäßmuskel, kann die Arbeit des Aufrichtens nicht mehr voll erfüllen. Der Hüftbeuger gewinnt das Rennen. Es zieht uns also in den Vierfußstand. Es kommt im Alltag aber saublöd rüber, wenn Sie auf allen vieren zur Bushaltestelle traben. Und so richten wir uns auf, obwohl sich die Hüfte beugt. Die Folge: ein Hohlkreuz. Das betont so ganz nebenbei die Wampe. Das Hohlkreuz alleine würde unseren Kopf aber in eine Rücklage bringen, und so müssen wir noch mal nachkorrigieren. Wir beugen deswegen die Wirbelsäule ein zweites Mal, in etwa auf Höhe des Schlüsselbeins. Diesmal natürlich nach vorne. Manche kennen das unter »Witwenbuckel«. Somit sieht die Wirbelsäule zunehmend wie ein stark gebogenes Fragezeichen aus. Die aufrechte Haltung ist dahin, und wir wirken alt.

Bei Xi Jinping ist diese Haltung wie aus dem Lehrbuch sichtbar. Beine aufrecht, Hüfte gebeugt. Das daraus resultierende Hohlkreuz streckt den Bauch nach vorne. Folglich korrigiert der Nacken nach und wird zum leichten Buckel. Möglicherweise war er jahrzehntelang eben einer von denen, der stundenlang Reden zugehört, in Besprechungen abgehangen und so viel Geduld beim Sitzen entwickelt hat. Dass sich da der essenziell wichtige Gesäßmuskel vertschüsst, liegt auf der Hand. Dynamisch, jung und agil wirkt das nicht.

Das kann man sich merken

Ja, das gilt für uns alle. Wer sein Leben lang zu wenig für die aufrechte Haltung getan hat, wird schneller alt wirken als ein Beamter vom Kreisverwaltungsreferat. Hohlkreuz und Witwenbuckel sind auf große Entfernung erkennbar. Deswegen: Tun Sie etwas für Ihre Haltung! Gehen Sie wieder raus, und machen Sie das, wofür der menschliche Körper geschaffen wurde. Und das sind Bewegungen, die nicht vorhersehbar sind. Jede Woche einen Marathon zu laufen ist zwar eine tolle Leistung, aber unser Körper ist dafür nicht gebaut. Besser: mit Freunden Fußball oder Volleyball spielen, bergsteigen oder im Wasser herumtollen. Das sind alles Bewegungen, bei denen jeder Schritt, jeder Griff anders ist. Damit kann der Körper nicht ökonomisieren. Er muss alle Muskeln gleichmäßig trainieren. Und genau das brauchen wir, um eine aufrechte Haltung möglichst lange beizubehalten. Damit wirken Sie auch in fortgeschrittenem Alter attraktiv.

Xi ist kein Hampelmann

Apropos Attraktivität im Alter! Zur Attraktivität gehört die körpersprachliche Aktivität wie die Stäbchen zu Menü 134. Aber mit Bewegung hat der Staatspräsident der Volksrepublik anscheinend nicht viel am Hut. Macht er einfach nicht. Dabei sind es vor allem die Bewegungen der Arme und Hände, die Aktivität vermitteln. Denn genau dafür waren sie da (und sind es immer noch).

Von dem Moment an, als sich Hominiden aufrichteten, nach aktuellen Erkenntnissen vor ca. 3,6 Millionen Jahren, wurden die Hände nicht mehr zur Fortbewegung gebraucht. Das versetzte die Evolution in eine ziemliche Ratlosigkeit: Was, zum Teufel, sollen wir mit unseren freien Händen anfangen?! (Bis dann Christian Dior und Steve Jobs Clutch und iPhone erfunden haben.) In der Zwischenzeit hat der Mensch aber gelernt, Arme und Hände als Werkzeuge und Waffen einzusetzen. Und das sind sie noch heute. Mit ihnen wehren wir Dinge ab oder holen sie näher zu uns heran. Und wir tun das auch im übertragenen Sinne. Wenn wir also nur an etwas Unangenehmes denken, kann es sein, dass wir Abwehrbewegungen machen. Beim Gedanken an verfaulte Nahrung verziehen wir nicht nur das Gesicht, sondern strecken auch die Arme von uns, als ob wir damit die Bilder aus unserem Geiste wieder wegschieben könnten. *Dschungelcamp*-Fetischisten verstehen. Und bei Freude öffnen wir die Arme, Augen und Mund, als ob wir damit Gutes in uns aufnehmen wollten. Die Vorstellung alleine reicht. Das gilt auch dann, wenn wir andere Menschen beobachten. Agieren die stark mit Armen und Händen, löst das bei uns schon ein Gefühl von Aktivität aus. Auch wenn nichts anderes als Luft hin und her geschoben wird.

Das führt uns zurück zu Xi. Er schiebt nix hin, nix her. Er haut nicht auf den Tisch, auch in stundenlangen Reden bleibt die Gestik nahezu aus. Selbst wenn er sich ärgert, bleiben seine Arme und Hände beinahe unbeteiligt. Mal ein Händeschüttler da, eine kleine Bewegung mit dem Unterarm dort, aber viel zu wenig, als dass er Aktivität verbreiten würde, geschweige denn

Enthusiasmus. Da ähnelt er einem Papst oder Königen. Deren Inaktivität vermittelt zwar den Eindruck des Herrschers, aber nicht den des Machers.

Kein Talent zum Entertainer

Gestikulieren tut er natürlich schon, der Xi. Wie bei Macron beschrieben, kann der Mensch gar nicht anders, als mit seinem Körper zu sprechen. Allerdings hat er es enorm reduziert. Im Vergleich zu ihrem chinesischen Kollegen wirkt Angela Merkel wie eine ausgeflippte Partytante. Können Sie sich Xi Jinping als Mitklatschsänger in einer Ballermanndisco vorstellen? Wie er mit erhobenen Armen die schunkelnde Meute im Rhythmus zum Tanzen animiert? Wenn Sie mich fragen, Mallorca-Könige müssen sich vor ihm nicht fürchten. Auch wenn deren Texte ähnlich vielfältig sind wie Xis Gestik.

Seine Hände bleiben meist unterhalb des Bauchnabels. Nicht unter der Gürtellinie. Das wäre wieder Ballermann. Äußerst selten sieht man seine Hände auf Brust- oder Gesichtshöhe. Mag sein, dass er mal sein Publikum mit erhobenen Armen begrüßt, aber als Kommunikationssignal in einem Gespräch oder einer

Rede bleiben sie meist auf Bauchnabelhöhe oder tiefer. Also extrem energiesparend. Wenn Sie im Text über Angela Merkels Raute nachlesen, verstehen Sie, warum Xi Jinping äußerlich wenig enthusiastisch, euphorisch und mitreißend wirkt. Dafür richtet er seine Gestik zu sehr an der Schwerkraft aus. Der gute Mann ist wohl nicht Chef über 1,4 Milliarden Menschen geworden, weil er das Volk zu Begeisterungsstürmen enthusiasmiert hat. Das ist im politischen System von China auch nicht nötig. Er hat wohl eher gelernt, den Ball flach zu halten und nicht zu früh bei den Vorderen anzuecken.

Landtierarzt

Betrachtet man Xi Jinpings Gestik genauer, fällt auf, dass er bei herabhängenden Armen den Daumen ein wenig in seine Handfläche zieht. Als wolle er jemandem die Daumen drücken. Das unterstreicht den Eindruck der Passivität. Mit dieser Haltung könnte er wahrscheinlich noch nicht einmal Bambushalme ausreißen.

Denn wer »handgreiflich« werden will, spreizt oft kurz vor dem Ballen der Fäuste die Finger – und damit auch den Daumen. Das vermittelt Kraft und Anpackmentalität. Xi macht genau das Gegenteil. Er hält seinen Daumen so eng, als wolle er seine Hand durch eine enge Öffnung stecken. Da ist er ganz der Landtierarzt bei der Geburtshilfe. Doch das Kalb muss der Bauer wahrscheinlich selbst rausholen.

Diese Passivität birgt ein sehr subtiles Machtsignal in sich. Wer nämlich so wenig Anpackmentalität zeigt, ist entweder ein regierungspolitisches Mauerprimelchen oder einer, dessen Macht gut abgesichert ist. Im zweiten Fall kann es sich dieser Mensch einfach leisten, es beim Reden zu belassen, denn die Umsetzung der Befehle übernehmen andere, niedere Chargen. Marlon Brando zeigt das in *Der Pate* wunderbar. Er bleibt über weite Strecken ruhig, fast bewegungslos. Und doch kreist alles um ihn. Woran aber erkennt man nun, ob Xi eher ein Mauerpflänzchen ist oder doch im Zentrum steht? Die Auskunft darüber gibt nicht seine Körpersprache – sondern die der anderen.

Herr der Massen

Um das herauszufinden, habe ich mich einem heroischen Selbstversuch ausgesetzt. Und bin kläglich gescheitert. Ich wollte der dreistündigen Eröffnungsrede von Xi Jinping zum KP-Parteitag von Anfang bis Ende meine volle Aufmerksamkeit schenken und setzte mich hoch motiviert vor den Bildschirm. Ich trug extra ein knallrotes T-Shirt und hatte die linke Faust frei. Für alle Fälle.

Xi begann zu reden, ich folgte ihm gebannt. Konzentriert las er aus seinem Manuskript. Und ich las brav die englischen Untertitel mit. Und dann geschah: nichts. Die einzige Bewegung, die Xi zeigte, war der gelegentliche Blick ins Publikum. Da wurde jeder Kameraschwenk durch den Saal zum visuellen Highlight. Und nach wenigen Minuten war's mit meiner Konzentration vorbei: Mein Blick schweifte in meinem Büro umher, verstohlen schaute ich auf mein Smartphone. Und jedes Geräusch war ein willkommener Grund, mich vom Bildschirm abzuwenden. Ja, es fiel mir sogar schwer, einfach nur ruhig sitzen zu bleiben. Der Auftritt war so langweilig, dass eine Religionsstunde in der Oberstufe ein Abenteuerurlaub dagegen war.

Ganz anders schien es den gut 2000 Delegierten vor Ort zu gehen. Kein Mensch in diesem Riesenauditorium ließ seinen Blick schweifen, tuschelte mit dem Nachbarn oder ging aufs Klo. Vom Smartphonelesen ganz zu schweigen. Daran änderte sich auch in den nächsten 3 Stunden und 20 Minuten nichts.

Plötzlich fiel es mir wie Schuppen von den Augen. *Das* war die eigentliche Botschaft. Egal ob man Mandarin versteht oder nicht, hier signalisiert jemand der ganzen Welt Folgendes: Mir sind die Menschen ergeben! Dabei ist der Inhalt der Worte gar nicht so wichtig wie die übergeordnete Botschaft: Niemand wagt es, mir nicht die volle Aufmerksamkeit zu schenken. Man könnte vielleicht denken, die haben doch alle vor sich hin gedöst! Denkste! Jeder Zuhörer hatte das Skript der Rede vor sich liegen. Kaum war Xi mit einer Seite fertig, blätterten über 2000 Menschen gleichzeitig um. Bei dieser Choreografie bekommt jeder Zumbatrainer feuchte Augen. Im Publikum saßen (zum allergrößten Teil) Männer in dunklen Anzügen und weißen Hemden. Alle gleich. In einem anderen Sektor saßen die Vertreter des Militärs. Alle in Uniform. In der gleichen. Damit demonstrierte Xi jedem Chinesen, ja

auch jedem nicht chinesischen Beobachter: Nicht nur die Elite, sogar das Militär folgt mir! Wer sich gegen mich auflehnt, bekommt es nicht nur mit mir, sondern auch mit mächtigen Gegnern zu tun.

Es gibt nur zwei Möglichkeiten, eine Masse so lange zum Zuhören zu bewegen: Entweder man ist so lustig, unterhaltsam, fesselnd wie ein guter Comedian oder Geschichtenerzähler. (Und selbst das ist schwierig.) Oder man schafft eine Form der Hierarchie, bei der die Gruppe weiß: Wenn Alpha labert, haben wir zuzuhören. Oder zumindest so zu tun. Damit wird jeder KP-Parteitag zu einem sich selbst verstärkenden System.

Sie kennen das aus Ihrer Schulzeit oder von Firmenveranstaltungen. Wenn nicht, besuchen Sie wieder mal einen Gottesdienst, und fangen Sie an, halblaut mit Ihrem Nachbarn zu tuscheln. Sie werden sofort mit bösen Blicken von anderen Kirchgängern bedacht. Die Gruppe unterstützt das Alphatier in seiner Führungsrolle also sogar noch. Genau deswegen halten auch Sie die Weihnachtsansprache Ihres Chefs bis zum bitteren Ende brav durch. Nicht weil der so lustig ist, sondern weil Sie wissen, dass Sie sonst beim Wichteln alleine bleiben würden.

Wer gegen mich ist, ist gegen die ganze Welt

Körpersprache muss manchmal mit etwas Abstand betrachtet werden. Nahezu immer ist die nonverbale Interaktion innerhalb der Gruppe sehr aussagekräftig. Denn das körpersprachliche Verhalten der Umgebenden hat Einfluss darauf, wie wir die einzelne Person wahrnehmen.

Ansprachen, Huldigungszeremonien und auch Predigten sind also auch ein Signal an alle anderen: Schaut her, die ganze Gemeinschaft ist mir ergeben. Wer gegen mich aufbegehrt, begehrt auch gegen alle anderen auf. Das war schon zu Urzeiten so. Sich gegen den Dorfältesten, den Medizinmann oder Häuptling aufzulehnen bedeutete immer auch, sich gegen dessen Gefolgschaft aufzulehnen. Der Zusammenhalt hat der Gruppe Sicherheit versprochen, deswegen unterbindet sie ein Auflehnen einzelner Personen. Sonst hätte jeder Querulant das Ende der Gemeinschaft bedeutet. Das Kollektiv sorgt also selbst für Stabilität. Das geht sogar so weit, dass sich eine Gruppe manchmal in einen Blödsinn verrennt.

> Eine Gruppe behält ihre Stabilität bei –
> auch über ihr eigenes Wohl hinaus.

In autoritär regierten Ländern werden junge Menschen schon früh bei entsprechenden Anlässen darauf getrimmt. Ein Freund von mir, der in der ehemaligen Tschechoslowakei aufwuchs, kann sich noch lebhaft daran erinnern, wie er an Staatsfeiertagen über Stunden in der prallen Sonne Parade stehen musste. Da war nix mit »Ich muss mal aufs Klo«, »Mir ist heiß, ich zieh die Jacke aus« oder Quasseln mit den Aufmarschfreunden. Diese Disziplin muss über Jahre gelernt werden. Denn evolutionär waren wir niemals darauf geeicht, über Stunden nichts anderes als nur eine Informationsquelle wahrzunehmen. Wir Menschen haben überlebt, weil wir ständig unsere Sinne in alle Richtungen ausgerichtet hatten und damit empfänglich für Reize waren. Schließlich hätte jeder Reiz eine Gefahr sein können.

Das kann man sich merken

Natürlich müssen Sie jetzt nicht die Massen für sich aufmarschieren lassen, aber nutzen Sie diese menschliche Eigenheit für sich, wenn es wieder mal einen Querulanten im Meeting gibt. Es ist eigentlich ganz einfach: Wenden Sie sich bei einem Vortrag allen zu, auch wenn es manchmal schwerfällt. Bleiben Sie mit Ihren Blicken, Ihrer Körperfront und Ihrer Gestik nicht bei Ihrem Gegner hängen, nur weil der Sie verunsichert oder Ihnen schlechte Laune macht. Machen Sie in Ruhe weiter, und verlassen Sie sich drauf, dass er in der Pause merken wird, wie alleine er mit der Gegnerschaft ist. Lassen Sie die Gruppe für sich arbeiten.

Leisetreter und Lautsprecher

Xis Stimme hat wenig mit dem des sanftmütigen Konfliktvermeiders zu tun. Sie ist kraftvoll. Besonders auffällig dabei ist, dass seine Stimme auch dann stabil bleibt, wenn er verbal angegriffen wird. So geschehen im Jahr 2014.

Xi war zu Gast bei Barack Obama in den USA. Ein Journalist der New York Times *brachte das heikle Thema der Aufenthaltsgenehmigungen für amerikanische Medienvertreter in China zur Sprache. Offensichtlich hatte er damit in ein Wespennest gestochen. Obama reagierte nämlich sofort: Er hob die Brauen, zuckte mit Kopf und Schultern, als wolle er wortlos sagen: »Wir haben auch schon versucht, das Thema anzusprechen. Vergeblich.« Xi aber blieb mit seiner Mimik beinahe unbewegt. Er nahm lediglich in aller Ruhe den Ohrhörer heraus und signalisierte damit: »Ich ignoriere diese Frage und will auch nichts Weiteres übersetzt bekommen.«*

Ein wenig später antwortete er doch und blieb dabei in seiner Haltung unglaublich ruhig und gelassen. Seine Stimme behielt den gewohnt kräftigen Charakter bei. Damit zeigte er auf subtile Art zwei Dinge: Das ist alles so unwichtig, dass es weit unter seiner Ich-reg-mich-auf-Schwelle liegt. Und die kräftige Stimme verklickerte: »Ende der Diskussion.«

Er hätte natürlich den amerikanischen Journalisten zurechtweisen und empört auf die Einmischung in interne Angelegenheiten reagieren können. Aber er hat es eben nicht getan. Er hat sein und das Gesicht des Journalisten gewahrt. Er wusste: Am Ende sitzt er am längeren Hebel.

Natürlich darf man hier nie schwarz-weiß malen. Klar flippen auch Chinesen aus. (Das hat sein Vorgänger Jiang Zemin vor laufender Kamera äußerst heftig demonstriert.) Dennoch ist das gleichmütige, vermeintlich ausgeglichene Verhalten mehr als nur ein Klischee.

> ## Das kann man sich merken
>
> An der Körpersprache erkennen wir, ob unsere Botschaft vom anderen wahrgenommen wurde. Kleine oder größere Veränderungen in seiner Haltung, Mimik und Gestik signalisieren uns das. Kommt aber gar keine Reaktion oder eine, die unserer Botschaft nicht angemessen ist, irritiert uns das. Wir haben den Eindruck, dass der andere uns nicht versteht oder nicht verstehen will. Oder einfach ignoriert. Sind Sie auf Ihren Partner so richtig sauer, schmeißen ihm Vorwürfe an den Kopf, und der bleibt völlig gelassen und spricht mit ruhiger Stimme? Hallo?? Geht's noch? Der hat sich gefälligst auch aufzuregen, wenn er weiter im selben Haushalt leben will. Überleben will.

Ist Xi ein Weichei?

Hat Xi nicht den Mumm, ordentlich auf den Tisch zu hauen? Hätte er dem Journalisten nicht klar sagen können: »所以不是我的朋友!« –»So nicht, mein Freund!« Aber er tat es eben nicht. Ähnliches habe ich selbst erfahren.

Ich war für eine Eröffnungsrede eines Kongresses in Hongkong. Wie so oft recht eng geplant: Anreise, Übernachtung, Vortrag frühmorgens und gleich wieder weiter. Am Morgen erledigte ich einen frühen Soundcheck, gab meine Zimmerkarte zurück und legte mir schon alles für meine Abreise direkt nach meinem Auftritt bereit. Quasi im Schlussapplaus eilte ich Richtung Hotelausgang und sah mich schon im Flugzeug sitzen. Wie gewohnt fasste ich in meine Hosentaschen: Rechts habe ich die Ausweise, links mein Handy. Immer. Ausweise waren da, aber links griff ich ins Leere. Im Laufen suchte ich noch mal in der rechten Hosentasche. Nichts. Blitzartig blieb ich stehen. Durchsuchte meine Reisetasche. Nichts. Meine Muskeln spannten sich an, das Herz begann zu rasen, Schweiß trat aus allen Poren, und meine Gedanken überschlugen sich. Ich ging im Geist alle Wege durch, und da wurde mir klar: Ich hatte mein Smartphone im Zimmer liegen gelassen. Aber die Zimmerschlüssel hatte ich ja schon abgegeben. Was tun? Der Transfer stand mit laufendem Motor vor der Hoteltür. Alle hatten ihr Bestes gegeben, dass die Organisation erfolgreich wird, nur der Herr Oberchecker vergisst sein Handy im Zimmer. Ich lief zur Rezeption. Den nächsten freien Mitarbeiter lächelte ich mit hochgezogenen Augenbrauen, geneigtem Kopf und erhobenen Armen an. Er sollte wissen, dass ich mich selber für einen noch größeren Deppen halte, als er sich je ausdenken könnte. Ich hatte Riesenglück. Der Rezeptionist schaute mich mit einer enormen Wachheit an. Nickte zackig zu meinen Ausführungen, lächelte mich superfreundlich an und begann gleich heftig in seine Tastatur zu hämmern. Was für ein schneller Denker! Mein Mitarbeiter des Monats! Während des Tippens hob er immer wieder kurz den Kopf und lächelte mir nickend zu. Für mich war die Botschaft eindeutig: läuft! Und er tippte weiter. Und tippte. Und tippte. Und lächelte. Und nickte. Und tippte. Endlich checkte ich, was hier ablief. Dieser sympathische Herr hatte keine Ahnung. Er war der völlig falsche Ansprechpartner. Ich war nämlich zu einem Concierge gerannt. Der hatte gar keinen Zugang zu den Zimmerkarten. Ich blickte mich verzweifelt um. Ein Kollege erkannte meinen Stress und erledigte die Sache in Windeseile. Im Laufschritt holte ich mein Handy und schaffte es rechtzeitig zum Flughafen.

»Schnell geht bei uns gar nichts«

Im Flugzeug hatte ich viel Zeit, über das Verhalten des Hotelmitarbeiters nachzudenken. Natürlich wäre es zielführender gewesen, er hätte mich sofort an seinen Kollegen verwiesen. Aber wie ich es auch drehte und wendete, es wollte und wollte kein Ärger in mir aufkommen. Seine »Strategie« hatte verhindert, dass ich zornig auf ihn wurde. Ich erinnerte mich an ähnliche Situationen, die ich schon an der einen oder anderen Rezeption in meinen Breitengraden erlebt hatte. Da lautete die Antwort häufig: »Dafür bin ich nicht zuständig«, »Schnell geht bei uns gar nichts« oder »Bitte hinten anstellen«. (Stellen Sie sich das im Dialekt Ihrer Wahl vor, und Sie werden verstehen.) Das Schlimmste in so manchem heimischen Hotel aber war immer, dass die Körpersprache des Servicepersonals Konfrontation zeigte. Der erhobene Kopf, das Kopfschütteln und manchmal auch die Starrheit in der Mimik signalisierten eher: »Hättest du dich halt besser organisieren müssen.« Oft hätte ich mir an der Rezeption Xis Körpersprache gewünscht.

Xi vs. Trump: Emotionale Strategien

Xis Strategie ist es wohl, in einer aktuellen Konfrontation nicht immer sofort als Sieger vom Platz gehen zu wollen. Sein Blick ist viel weiter in die Zukunft gerichtet. Selbst wenn er von Journalisten oder Regimekritikern verbal angegriffen wird, bleibt seine Mimik freundlich. Ein Herr Xi lächelt Angriffe und Gegner einfach weg.

Er ist kein Typ, der auf Krawall gebürstet ist, im Gegenteil: Diese Mimik hat etwas Versöhnliches. Wenn die Kinder dem Opa im Hof die Zunge rausstrecken, lächelt der auch milde. Und nimmt ihnen beim nächsten Mal den Ball weg. Andere machen das auf eine andere Art. Während Trump sich zum Beispiel darin gefällt, den harten, mächtigen Macher zu zeigen, sind von Xi solche Szenen nicht bekannt. Es ist ja nicht so, dass Xi weniger Machtanspruch erheben würde, er zeigt ihn aber auf andere Weise als sein amerikanisches Pendant. Auf Gegnerschaft reagiert der eine laut und schnell, und sein Körper zeigt den Ärger deutlich in Mimik und Gestik. Xi dagegen agiert viel zurückhaltender. Seine Antworten kommen oft zeitverzögert. Dabei bleibt seine Mimik nahezu unbewegt, oder er lächelt einfach.

Sie haben also unterschiedliche emotionale Strategien, um auf Konfrontation zu reagieren.

Ist es in manchen Kulturen üblich, auf Konfrontation mit Stärke und Rechtfertigung zu reagieren, möchten andere ihr Gegenüber unter keinen Umständen bloßstellen. In diesen Verhaltensmustern steckt auf der einen Seite das Bedürfnis nach Status bzw. Angst vor Statusverlust, auf der anderen Seite das Bedürfnis, Konflikte zu vermeiden.

Der gelernte Deutsche zeigt an dieser Stelle auf: »Warum denn so viel Herumgetue? Soll er doch geradeheraus sagen, was eigentlich Sache ist!«

Ganz einfach, weil das in manchen Kulturen ein Affront wäre. Wie es in Deutschland eben oft erwünscht ist, »die Dinge beim Namen zu nennen«, ist es in anderen Kulturen verpönt, Menschen auf direkte Art zurückzuweisen, abzulehnen oder zu konfrontieren. Dort werden solche Situationen elegant umschifft. Man weicht eher aus, sagt nicht direkt »Njet!«

Übrigens, so ungewöhnlich ist das auch in westlichen Kulturen nicht. Wenn eine Idee auch noch so schlecht ist, antwortet der Engländer bisweilen: »Good idea« oder »Let's come back on that«. Dabei lächelt er freundlich und aufmerksam. Wer sich hier schon freut, geht ein hohes Enttäuschungsrisiko ein, trotzdem abgelehnt zu werden. In Wien hört man auf einen unmöglichen Vorschlag als Antwort schon mal: »Ja, schau'n wir mal.« Dabei könnte gemeint sein: »Vergiss deine blöden Ideen.« Der Nachteil ist natürlich das Risiko eines Missverständnisses. Der Vorteil dieser Art der Kommunikation aber ist, dass man einem direkten Konflikt aus dem Weg geht. Der Sender erspart dem Empfänger eine Niederlage in aller Öffentlichkeit. Und sich selbst, sein Gegenüber Aug in Aug enttäuschen zu müssen. Wer jemandem in einem Meeting vor versammelter Menge schon mal sagen musste: »Deine Ideen sind einfach nur Mist«, weiß, dass das nie angenehm ist. Da kommt der Satz »Let's come back on that« schon weit harmonischer rüber.

Körpersprachlich à la Xi geht das so: den Körper zugewandt, mit Augenkontakt und einem Lächeln. Auch wenn man sachlich unterschiedlicher Meinung ist, bleibt trotzdem eine menschliche Verbundenheit.

Das kann man sich merken

Klar, es ist manchmal besser, die Dinge gleich auszuräumen. Allerdings haben wir alle schon erlebt, dass wir uns in einem Moment über Dinge ärgern, die am nächsten Tag schon wieder unwichtig sind. Vergisst der Chef, bei der Danksagung unseren Namen zu erwähnen, kann man natürlich seinen Missmut mit einer konfrontativen Mimik zeigen. Wenn das Thema aber nicht weltbewegend ist, kann eine Xi-Mimik vielleicht der harmonischere Weg sein. Aber hören Sie: Wenn Ihr Chef auf Sie zustürmt, die Fäuste ballt und mit seinem Gesicht wenige Zentimeter vor Ihrem zum Brüllen ansetzt, ist Lächeln NICHT die passende Mimik!

Xis »asiatische« Körpersprache

»Der Xi zeigt keine Reaktion, weil die Asiaten überhaupt weniger Mimik zeigen.« – »Die Mimik der Asiaten ist nicht lesbar.« – »Man weiß nie, woran man bei ihnen ist.« Was macht also eine »asiatische« Körpersprache aus? Haben sie wirklich eine eigene?

Ostasiaten zeigen die Grundemotionen genauso wie jeder Mensch auf der Welt, egal ob Österreicher, Brasilianer oder Nordfinne. Zorn, Freude, Erstaunen und Angst sehen also körpersprachlich gleich aus. Wir divergieren nur in der Intensität der Signale. Wer also Unterschiede ausmachen will, muss genauer hinschauen und in die kulturelle Körpersprache eintauchen.

Zuerst mal wollen wir feststellen, wer denn »die Asiaten« sind. Die wenigsten meinen damit Israelis oder Armenier. Obwohl diese Staaten ebenso (großteils) in Asien liegen. Gemeint sind damit meistens Ostasiaten, also Koreaner, Japaner und Chinesen. Diese Länder decken in etwa 10 Millionen Quadratkilometer ab. Ein Gebiet, das mehr als doppelt so groß ist wie Europa mit seinen vielfältigen Kulturen. Um die Distanzen mal zu verdeutlichen: Von Nordschweden bis an die Südspitze

Spaniens sind es in etwa 3800 Kilometer Luftlinie. Von West-china bis Ostjapan sind es 5700 Kilometer. Die entferntesten Punkte dieser drei ostasiatischen Länder liegen also fast doppelt so weit voneinander entfernt wie die der EU. (Noch größer wird das Gebiet, wenn man auch den südostasiatischen Raum mit einbezieht, der aber auch von anderen Ethnien beeinflusst ist.) Wir sollten also endlich aufhören, von »den Asiaten« zu sprechen, aber nur einen kleinen Teil davon meinen. (Das Gleiche gilt übrigens für Afrika.) Oder würde jemand auf die Idee kommen, körpersprachlich Süditaliener zu meinen und Nordfinnen in dieser Bezeichnung miteinzubeziehen? Wohl eher nicht. Es leben unglaublich viele unterschiedliche Kulturgruppen in diesem Riesengebiet des Erdballs. Und jede Kultur entwickelt über kurz oder lang eigene Rituale, vor allem um sich abzugrenzen und eine eigene Identität zu entwickeln. Das sind zum Beispiel besondere Essensrituale, bestimmte gestische Signale, ein unterschiedliches Abstandsverhalten oder Begrüßungsrituale, die anderen Kulturen fremd sind. Aber nun kommt der körpersprachliche Clou: Vielleicht ist die Form der Begrüßung unbekannt, aber ob sie freundlich oder verärgert gemeint ist, erkennt man überall auf der Erde! Das gilt grundlegend. Kulturspezifische Signale mögen verschieden sein. Aber wie diese Signale gemeint sind, ist überall verständlich. Einfach gesagt: Wer in seiner Nachbarschaft sympathisch, einladend und selbstsicher auftreten kann, wird mit den gleichen Signalen auch am anderen Ende der Welt so eingeordnet. Körpersprache ist im Großen und Ganzen also universell verständlich, weil alle Menschen auf der Erde Gefühle mit der gleichen Körpersprache ausdrücken. Charles Darwin sowie die Verhaltensforscher Paul Ekman, Frans de Waal und andere haben das in ihren Forschungen bestätigt, und das Gros der Wissenschaft ist mit ihnen einer Meinung. Bei Zorn zeigen wir mimische Signale, die Menschen aus jeder Kultur entschlüsseln können. Das Gleiche gilt für Freude, Erstaunen, Trauer. Auch hierarchische Einordnungen und Signale wie Siegerposen, Aggressivität und Ekel reihen sich in diese Universalien ein. Mimik und Gestik haben weltweit Gültigkeit.

Daraus folgt: Der Teil der Körpersprache, der uns Menschen eint, ist weitaus größer als der, der uns unterscheidet. Deswegen plädiere ich stark dafür, dass wir keine trennenden Keile zwischen die Körpersprache der einzelnen Ethnien treiben. Wenn Ihnen im nächsten Chinaurlaub also ein bulliger Typ mit Zornesfalten auf der Stirn, gefletschten Zähnen, vorgeschobenem Kiefer und einem Baseballschläger in den geballten Fäusten breitbeinig gegenübersteht, sinnieren Sie nicht über die spezifische Körpersprache der Ostasiaten. Rennen Sie einfach!

Es gibt keine chinesische Körpersprache.
Und auch keine europäische oder amerikanische.
Es gibt nur eine menschliche Körpersprache.

Erkenntnis

Harmonie und Härte – Xi ist unser Meister

Xi Jinping ist politisch eine umstrittene Figur. Dazu trägt auch seine Körpersprache ein Scherflein bei. Er wäre leichter einzuordnen, wenn er aggressiver, lauter und herrischer auftreten würde. Mit seiner gelassenen, bis ins Unberührte abgleitenden Art scheint sein strikter Führungsstil so gar nicht zu korrelieren. Allerdings entwickelt er so eine enorme Durchsetzungsfähigkeit. Oft sind es Menschen, die die geringste Regung auf Anwürfe von außen zeigen, die im Leben am entschiedensten agieren. Es ist einfach schwerer, ihnen beizukommen. Teflon-Xi.

Leithammel sprechen dieselbe Sprache

नेता एक ही भाषा बोलते ह (neta ek hee bhaasha bolate hain)

القادة يتحدثون نفس اللغة (alqadat yatahadathun nfs allugha)

Roinnean ceannairí an teanga céanna

Iinkokheli zithetha ulwimi olufanayo

Verstehen Sie nicht? Ich auch nicht. Damit sind wir wohl nicht allein. Aber keine Sorge, wir mögen die Worte mancher Leithammel nicht verstehen. Die Sprache aber, die ihr Körper spricht, verstehen wir immer. Sie verrät uns etwas sehr Wertvolles: Nämlich ob ihre Worte glaubwürdig, dominant, vertrauenswürdig und humorvoll gemeint sind – das zeigen sie mit ihrer Mimik, Gestik und Haltung. Und das können wir alle lesen.

Denn Körpersprache ist die einzige *lingua franca* – die einzige Kommunikationsform, die von allen Menschen verstanden wird. Sie spricht unsere Emotionen an und löst damit immer Gefühle aus. Jeder Mensch, der uns auf dieser Ebene erreicht, hat einen festen Platz in unserem Herzen.

Und das ist eine wichtige Botschaft für uns alle: Wer die Sprache des Körpers wahrnimmt und sie bewusst sprechen kann, erreicht die Herzen der Menschen. Überall.

Leithammel sprechen dieselbe Sprache auf hindi, arabisch, gälisch und Xhosa.

Zu meinen Quellen:

Körpersprache und das Wissen darüber kann man sich nicht anlesen. Diese Überzeugung hatte ich vor über 20 Jahren, als ich mich mit dem Thema systematisch auseinanderzusetzen begann. Und sie ist heute noch viel stärker. Klar lese ich viel, selten aber sind es einschlägige Körperspachebücher. Ich meide Literatur, die sich anmaßt, zu vermitteln, wie man nonverbale Signale »decodiert«. Wie Sie auf diesen Seiten und in all meinen Büchern erfahren, sind körpersprachliche Signale keine Geheimsprache, die man nur entschlüsseln muss. So einfach ist es nicht. Jedes Signal ist abhängig von vielen Parametern. Mitunter kann ein Signal sogar gegenteilig verstanden werden, wenn sich die Parameter ändern. Der einzig seriöse Zugang ist meines Erachtens, die Sache von Grund auf zu erfassen. Ich begebe mich also immer auf die Suche nach dem Ursprung einer Bewegung, Mimik oder Haltung. Erst damit ist die volle Bandbreite der Körpersprache verständlich. Für ein Verständnis der Körpersprache ist deswegen ein Grundwissen über die Anatomie, Muskulatur, Neurologie wichtig. Sogar Philosophie und Physik können dabei helfen, unsere Körpersprache zu verstehen. Vor allem aber darf man die Phylogenese, das heißt die Entstehung des Menschen, niemals außer Acht lassen.
Folgen Sie mir auf Social Media. Dort teile ich regelmäßig neue Erkenntnisse, spannende Literatur und allgemeine Tipps zur Körpersprache.

Ich bin für Sie auch per E-Mail erreichbar: info@stefanverra.com. Zögern Sie nicht!

Holen Sie sich den wöchentlichen Körpersprachetipp:
www.stefanverra.com

DANKE ...

... Sabine, du warst bei diesem Projekt unersetzlich. Seit mittlerweile fast 20 Jahren bist du meine wichtigste und immer wohlwollende Kritikerin. Das warst du auch bei der Entstehung dieses Buches. Lorenzo und Matteo, ihr habt mich nach langen Schreibtagen mit eurem Humor wieder auf den Boden der Tatsachen geholt.

... an das Team um Bettina Traub. Ihr habt mich mit offenen Armen und Respekt aufgenommen. Sabine Jürgens und Matthias Reiss, Sie haben mit Ihrem analytischen Denken so manche österreichische Formulierung eingedeutscht und die Texte strukturiert. Felix Rudloff, dein Feedback zu diesem Buch und meiner Arbeit insgesamt war wichtig für mich. Kristina Arnold, deine Kommentare zu den Texten haben mich oft laut zum Lachen gebracht und mich bestärkt, auch in diesem Buch meine Liebe zum Humor zu zeigen.

... liebe Leserin, lieber Leser, dafür, dass Sie tiefer eintauchen wollen und sich mit allzu Oberflächlichem nicht zufriedengeben. Ich freue mich, dass Sie wissen: Humor und wissenschaftliche Korrektheit schließen einander nicht aus!

... liebes Live-Publikum! Ich habe große Freude am Schreiben, aber mein Lieblingsplatz ist auf der Bühne, in Seminarräumen, Mediengesprächen – schlicht: unter Menschen. Ohne all die Interessierten, die mir nicht nur online folgen, sondern oft viele Kilometer reisen, um live dabei zu sein, wäre mein Tun nicht vollkommen.

Bildnachweis

S. 17   Getty Images / David Becker

S. 20   Getty Images / Chip Somodevilla

S. 22   Getty Images / Justin Sullivan

S. 25   Picture Alliance / AP Photo (2)

S. 28   Getty Images / Win McNamee

S. 31   Getty Images / Mark Wilson

S. 32   Getty Images / Saul Loeb

S. 34   Getty Images / Don Emmert

S. 40   Getty Images / Justin Sullivan

S. 46   Getty Images / Win McNamee

S. 51   Getty Images / Kyodo News (oben)
Getty Images/ The Asahi Shimbun (unten)

S. 52   Getty Images / Mandel Ngan

S. 53   Getty Images / Olivier Douliery (oben)
Getty Images / Chip Somodevilla (unten)

S. 58   Getty Images / Alex Wong

S. 61   Getty Images / Michael Gottschalk

S. 63   dpa – Bildarchiv/ Picture-Alliance

S. 65   Getty Images / Thomas Trutschel; Getty / Bloomberg; Getty Images / John Macdougall; Getty Images / Lars Baron; Getty Images / John Macdougall; Getty Images / Georges Gobet; Getty Images / Carsten Koall; Getty Images / John Macdougall; Getty Images / Ulrich Baumgarten; Getty Images / AFP; Getty Images / Georges Gobet; Getty Images / John Macdougall

S. 69   Getty Images / Sean Gallup

S. 72   Getty Images / Ulrich Baumgarten

S. 74   Herlinde Koelbl/Agentur Focus (links); Getty Images / Bloomberg (rechts)

S. 78   Getty Images / Sean Gallup

S. 79   Getty Images / Adam Berry

S. 82   Getty Images / Michele Tantussi

S. 85   Getty Images / Pierre Hounsfield (oben)
Getty Images / Eric Feferberg (unten)

S. 87   Getty Images / Pool (links); Getty Images / Ulrich Baumgarten (rechts)

S. 88   Getty Images / Thomas Imo

S. 91   Getty Images / Johannes Simon

S. 193 Getty Images / Ludovic Marin (2); Getty Images / Aurelien Meunier (2); Getty Images / Romain Perrocheau; Getty Images / Patrick Kovarik

S. 195 Getty Images / Chesnot

S. 199 Getty Images / Vatican Pool – Corbis

S. 205 Reuters/Dminic Ebenbichler

S. 206 Getty Images / NurPhoto

S. 211 Getty Images / Carsten Koall

S. 212 Getty Images / Thierry Monasse

S. 215 Getty Images / AFP

S. 216 Getty Images / alexxx1981 (links)
        Getty Images / Thomas Kronsteiner (rechts)

S. 217 Getty Images / NurPhoto

S. 221 Getty Images / File

S. 226 Getty Images / Chris McGrath (links)
        Getty Images / Feng Li (rechts)

S. 228 Getty Images / Pool

S. 230 Getty Images / Nicolas Asfouri

S. 231 Getty Images / Pool

S. 233 Illustration von Satzwerk Huber

S. 236 Getty Images / Lintao Zhang

S. 237 Getty Images / Lintao Zhang

S. 239 Getty Images / Kevin Frayer